2024 国家执业药师职业资格考试

全真模拟试卷

药学专业知识（二）

模拟试卷（一）

吴春虎　主编

中国健康传媒集团

中国医药科技出版社

模拟试卷（一）

一、最佳选择题（共40题，每题1分，每题的备选项中，只有一个最符合题意）

1. 关于抗抑郁药个体化治疗的说法，错误的是
   A. 抗抑郁药的应用因人而异
   B. 使用抗抑郁药时，应从小剂量开始
   C. 新型抗抑郁药需每日服用3次
   D. 抗抑郁药起效缓慢
   E. 切忌频繁换药

2. 下列哪项不是糖皮质激素的使用禁忌
   A. 活动性消化性溃疡
   B. 严重高血压
   C. 慢性阻塞性肺疾病
   D. 骨折
   E. 严重精神病

3. 关于氨基己酸的描述，错误的是
   A. 因氨基己酸排泄快，需持续给药才能维持有效浓度，故一般采用口服给药方式
   B. 氨基己酸在血中以游离状态存在
   C. 用于预防及治疗血纤维蛋白溶解亢进引起的各种出血
   D. 有血栓形成倾向或过去有血管栓塞者忌用
   E. 该药属于抗纤维蛋白溶解药

4. 患者，女，56岁。关节和肌肉酸楚、疼痛，诊断为风湿性关节炎，下列不可用于治疗风湿性关节炎的药物是
   A. 双氯芬酸
   B. 对乙酰氨基酚
   C. 萘普生
   D. 布洛芬
   E. 来氟米特

5. 可吸附胆盐而减少脂溶性维生素吸收的是
   A. 碳酸钙
   B. 碳酸氢钠
   C. 氢氧化铝
   D. 枸橼酸铋钾
   E. 兰索拉唑

6. 下列属于容积性泻药的是
   A. 硫酸镁
   B. 欧车前
   C. 乳果糖
   D. 蓖麻油
   E. 甘油

7. 苯妥英钠可能导致的多种不良反应中，不包括
   A. 共济失调
   B. 低血糖
   C. 眼球震颤
   D. 齿龈增生
   E. 嗜睡、昏迷

8. 下列药物中与雌二醇无相互作用的是
   A. 卡马西平
   B. 醋酸氢化可的松
   C. 苯巴比妥
   D. 苯妥英钠
   E. 利福平

9. 患者，男，25岁。因上呼吸道感染引起咳嗽，现使用右美沙芬缓解治疗。关于右美沙芬药理作用及临床评价的说法，正确的是
   A. 通过阻断肺-胸膜的牵张感受器而起到镇咳作用
   B. 口服吸收缓慢，主要经肝脏代谢，作用时间长
   C. 镇咳作用弱于可待因
   D. 主要用于干咳
   E. 兼有外周性和中枢性镇咳作用

10. 抗菌药物按照清除途径分为3类，下

列主要经过肝脏清除的药物是

A. 美洛西林　　　B. 莫西沙星

C. 左氧氟沙星　　D. 氨基糖苷类

E. 克林霉素

11. 下列抗菌药物血浆蛋白结合率为0%的是

A. 万古霉素　　　B. 头孢噻肟

C. 左氧氟沙星　　D. 乙胺丁醇

E. 磷霉素

12. 关于美西律说法错误的是

A. 对短动作电位时程的心房肌无效

B. 对室性心律失常的疗效高

C. 可长期口服

D. 具有促心律失常作用发生率低的优点

E. 仅用于室性心律失常，常见神经系统不良反应

13. 患者，女，55岁。近2个月来轻度咳嗽，咳白色黏痰，内带血丝；午后低热，面颊潮红，疲乏无力，常有心悸、盗汗，较前消瘦，诊断为肺结核，给予异烟肼治疗。以下不是该药预防适用的是

A. 人类免疫缺陷病毒（HIV）感染者

B. 与新诊断传染性肺结核患者有密切接触的结核菌素阳性幼儿和青少年

C. 各型高血压

D. 未接种卡介苗5岁以下儿童结核菌素试验阳性者

E. 结核菌素皮试阳性者

14. 患儿，男，14天。因高热，吃奶差1天来诊。查体：一般情况及反应差，皮肤黏膜中度黄染，呼吸平稳，双肺呼吸音粗，脐带未脱，脐周发红，有少许脓性分泌物，给予头孢菌素类抗菌药物治疗，该类药物的作用机制是

A. 抑制细菌蛋白质合成

B. 抑制细菌糖代谢

C. 干扰细菌核酸代谢

D. 抑制细菌细胞壁合成

E. 干扰真菌细胞膜功能

15. 患者，男，22岁。诊断为局限型侵袭性牙周炎，在牙周基础治疗的同时准备给予多西环素治疗，关于该药物叙述错误的是

A. 是四环素类抗菌药物

B. 接受抗凝治疗的患者需要调整抗凝药的剂量

C. 可用于支原体属感染

D. 在牙齿、骨骼的沉积较四环素轻

E. 肠道菌群失调较四环素多见

16. 患者，男，76岁。肺部感染，细菌培养为耐青霉素的肺炎链球菌，给予氟喹诺酮类药物治疗。该类药物的抗菌机制是选择性干扰

A. 二氢叶酸还原酶

B. 二氢叶酸合成酶

C. 转肽酶

D. 细菌DNA回旋酶或拓扑异构酶Ⅳ

E. RNA聚合酶

17. 患者，男，36岁，建筑工人。左脚铁钉刺伤。实验室检查为梭状芽孢杆菌所导致的破伤风，应选用的抗菌药是

A. 庆大霉素

B. 氨基糖苷类抗生素

C. 红霉素

D. 四环素

E. 青霉素

18. 下列不宜与两性霉素B合用的药物是

A. 依他尼酸　　　B. 氨苯蝶啶

C. 螺内酯　　　　D. 氢氯噻嗪

E. 甘露醇

19. 不宜用于单纯性尿路感染初治病例的氨基糖苷类抗菌药物是
    A. 阿米卡星　　　　B. 万古霉素
    C. 利福平　　　　　D. 盐酸克林霉素
    E. 红霉素

20. 关于溶栓药的说法，错误的是
    A. 溶栓药主要作用于纤溶酶原
    B. 瑞替普酶比阿替普酶具有更好纤维蛋白特异性，全身纤维蛋白原和纤溶酶原水平仅下降5%~15%
    C. 急性缺血性脑卒中的阿替普酶治疗应在症状发作后的3小时内开始
    D. 阿替普酶血浆清除半衰期短（<5min），需持续静脉滴注
    E. 重组链激酶具有抗原性及变态反应

21. 患者，男，26岁。在寒冷天气易发生哮喘，诊断为内源性哮喘。该患者适用的药物是
    A. 异丙托溴铵　　　B. 色甘酸钠
    C. 克仑特罗　　　　D. 异丙肾上腺素
    E. 沙丁胺醇

22. 患者，女，46岁。肝硬化腹水患者，长期使用噻嗪类利尿药不会引起
    A. 低氯性碱中毒　　B. 低钾血症
    C. 低钙血症　　　　D. 高尿酸血症
    E. 血糖升高

23. 呋塞米与抗组胺药合用时
    A. 耳毒性增加
    B. 引起电解质紊乱的概率增加
    C. 利尿作用减弱
    D. 低氯性碱中毒机会增加
    E. 血压升高

24. 下列属于抗胆碱能药，易通过血-脑屏障，可用于抗晕船、晕车的药物是

A. 东莨菪碱　　　　B. 丁溴东莨菪碱
C. 甲氧氯普胺　　　D. 阿瑞匹坦
E. 昂丹司琼

25. 患者，女，78岁。患有阿尔茨海默病，经常忘记自己的家在哪里。下列不适用于该疾病的药物是
    A. 吡拉西坦　　　　B. 文拉法辛
    C. 多奈哌齐　　　　D. 石杉碱甲
    E. 艾地苯醌

26. 患者，女，61岁。因睡眠不好服用司可巴比妥1个月，服药后睡眠情况改善。关于巴比妥类药物作用特点的说法，错误的是
    A. 中等剂量可起麻醉作用
    B. 异戊巴比妥脂溶性高，出现中枢抑制作用慢
    C. 吸收后分布至全身组织，其中脑和肝脏内浓度较高
    D. 口服后容易从胃肠道吸收
    E. 该类药物主要经肾脏排出

27. 与氯吡格雷同服可抑制其生物转换为活性代谢物，不能拮抗血小板聚集而阻止血栓的药物是
    A. 阿托伐他汀　　　B. 格列齐特
    C. 贝那普利　　　　D. 布洛芬
    E. 奥美拉唑

28. 对质子泵的抑制作用无需酸的激活，可以直接作用于质子泵，能够快速起效的药物是
    A. 伏诺拉生　　　　B. 泮托拉唑
    C. 米索前列醇　　　D. 莫沙必利
    E. 法莫替丁

29. 患者，女，67岁。反复胸痛，为胸骨后烧灼样痛，服用抑酸剂可缓解，下列不适用于该疾病治疗的药物是

A. 枸橼酸铋钾　　B. 西咪替丁

C. 雷尼替丁　　　D. 伏诺拉生

E. 米索前列醇

30. 患者，男，45岁。功能性消化不良，常出现餐后上腹胀满，口服莫沙必利治疗。关于该药物刺激胃肠道而发挥促动力作用的机制是

A. 阻断外周多巴胺D_2受体活性

B. 阻断外周和中枢多巴胺D_2受体活性

C. 既可拮抗多巴胺D_2受体活性，又能抑制乙酰胆碱酯酶活性

D. 选择性$5-HT_4$受体拮抗剂

E. 选择性$5-HT_4$受体激动剂

31. 患者，男，58岁。PCI术后给予阿司匹林和氯吡格雷进行双联抗血小板治疗。患者有慢性胃溃疡病史，为预防消化道出血，给予泮托拉唑治疗。该药物静脉注射可引起的不良反应是

A. 血栓性静脉炎　　B. 胀气

C. 血糖升高　　　　D. 定向力障碍

E. 血尿酸升高

32. 患者，男，60岁。因胃肠道平滑肌痉挛而致腹痛，来药店购买颠茄片，药师提示服用该药可能发生的不良反应不包括

A. 口干　　　　　　B. 排尿困难

C. 心率减慢　　　　D. 眼压升高

E. 便秘

33. 双磷酸盐类可抑制骨吸收，用于治疗骨质疏松。阿仑膦酸钠是第三代氨基双膦酸盐类骨代谢调节剂，在骨内的半衰期超过

A. 3年　　　　　　B. 4年

C. 6年　　　　　　D. 8年

E. 10年

34. 患者，女，63岁。表现为进行性加重的记忆力减退，缓慢行走，交谈能力减退，付错钱。后诊断为阿尔茨海默病，给予多奈哌齐治疗。下列药物中，合用可降低该药物血浆药物浓度的是

A. 伊曲康唑　　　　B. 氟西汀

C. 利福平　　　　　D. 红霉素

E. 奎尼丁

35. 关于皮肤及外用药临床应用的说法，错误的是

A. 皮损渗出多，可选用3%硼酸溶液做冷湿敷

B. 月经期间禁用克霉唑阴道栓

C. 莫匹罗星在低浓度时即可杀菌

D. 维A酸外用可治疗鱼鳞病

E. 卤米松不可用于眼部

36. 老年女性，关节肿痛伴晨僵2年，初诊为类风湿关节炎，既往有消化性溃疡3年，下列用于治疗该疾病的选择性COX-2抑制剂是

A. 塞来昔布　　　　B. 对乙酰氨基酚

C. 双氯芬酸　　　　D. 布洛芬

E. 秋水仙碱

37. 患者，男，36岁。手指、足趾关节红肿疼痛5年，夜间尤甚，时好时坏，诊断为痛风。下列药物中，能够抑制尿酸生成的药物有

A. 别嘌醇　　　　　B. 秋水仙碱

C. 来氟米特　　　　D. 丙磺舒

E. 苯溴马隆

38. 患儿，男，2岁。因普通感冒引起高热，医师处方给予布洛芬口服混悬剂。关于布洛芬描述错误的是

A. 治疗强直性脊柱炎和神经炎

B. 具有抗炎、镇痛、解热作用

C. 不良反应最常见于胃肠系统

D. 可与口服降血糖药物同用

E. 耳鸣和失眠的发生率最高

39. 患者，男，58岁。晚期肝癌，近日出现疼痛，患者自述不能忍受。根据癌痛治疗原则，使用其他止痛药物无效，可使用的药物是

A. 吗啡　　　　　B. 可待因

C. 哌替啶　　　　D. 美沙酮

E. 阿司匹林

40. 属于M胆碱受体拮抗剂的平喘药物是

A. 沙丁胺醇　　　B. 孟鲁司特

C. 茶碱　　　　　D. 噻托溴铵

E. 布地奈德

二、配伍选择题（共60题，每题1分。题目分为若干组。每组题目对应同一组备选项，备选项可重复选用，也可不选用，每题只有1个备选项最符合题意）

[41-42]

A. 维A酸　　　　B. 阿达帕林

C. 林旦霜　　　　D. 酮康唑

E. 醋酸曲安奈德

41. 患者，男，23岁。双颊布满粉刺、丘疹，诊断为寻常型痤疮，可选用

42. 患者，女，48岁。体型肥胖，腋窝、乳房可见红斑、丘疹，诊断为皮肤念珠菌病，可选用

[43-45]

A. 甲地孕酮　　　B. 他莫昔芬

C. 氟他胺　　　　D. 来曲唑

E. 吉非替尼

43. 患者，女，58岁。已绝经。3个月前无意发现左乳房一肿块，体检左乳房外上象限可见局限性皮肤凹陷，诊断

为乳腺癌。可选择的药物是

44. 患者，男，68岁。尿频、尿流缓慢、排尿困难3年，诊断为晚期前列腺癌，用于改善该患者恶病质的是

45. 患者，女，50岁。诊断为乳腺癌。无论其是否绝经均可使用的内分泌治疗药是

[46-48]

A. 替比夫定　　　B. 伐昔洛韦

C. 索磷布韦　　　D. 茚地那韦

E. 金刚乙胺

46. 可用于治疗成人慢性丙型肝炎病毒感染的药物是

47. 可用于治疗单纯疱疹病毒感染的药物是

48. 可用于治疗成人及儿童人类免疫缺陷病毒（HIV）感染的药物是

[49-50]

A. 150mg　　　　B. 300mg

C. 50ml　　　　　D. 10ml

E. 5ml

49. 患儿，2岁，体重14kg，近日出现发热，每次使用对乙酰氨基酚的量可为

50. 蒙脱石散每个包装（3g）至少需要用多少水稀释

[51-52]

A. 拓扑替康　　　B. 依托泊苷

C. 替尼泊苷　　　D. 环磷酰胺

E. 塞替派

51. 患者，男，56岁。吸烟史20年，因咳嗽、咳痰、痰中带血症状持续一个月入院检查，诊断为右肺小细胞癌。该疾病的首选药是

52. 患者，男，45岁。头痛1年，呕吐2次入院，头颅CT平扫+增强扫描诊断为脑瘤。该疾病的首选药是

[53~55]

    A. 贝伐珠单抗   B. 白介素

    C. 干扰素   D. 利妥昔单抗

    E. 曲妥珠单抗

53. 主要用于转移性结直肠癌和晚期、转移性或复发性非小细胞肺癌的药物是

54. 主要用于复发或耐药的滤泡性中央型淋巴瘤的药物是

55. 主要用于人表皮生长因子受体-2过度表达的转移性乳腺癌的药物是

[56~58]

    A. 依西美坦   B. 氟维司群

    C. 戈舍瑞林   D. 氟他胺

    E. 来曲唑

56. 主要用于可用激素治疗的前列腺癌，可用激素治疗的绝经前期乳腺癌的药物是

57. 用于以前未经治疗或对激素控制疗法无效或失效的晚期前列腺癌患者的药物是

58. 用于雌激素或孕激素受体阳性的绝经后早期乳腺癌患者的辅助治疗的药物是

[59~61]

    A. 乙醇   B. 卡马西平

    C. 苯妥英钠   D. 泼尼松龙

    E. 吡嗪酰胺

59. 可增加异烟肼在肝内的代谢及排泄的药物是

60. 可增加异烟肼肝毒性的药物是

61. 可诱导异烟肼的微粒体代谢的药物是

[62~64]

    A. 卡泊芬净   B. 伏立康唑

    C. 氟康唑   D. 氟胞嘧啶

    E. 两性霉素B

62. 适用于治疗成人隐球菌性脑膜炎、球孢子菌病、侵袭性念珠菌病的是

63. 属于广谱的三唑类抗真菌药，可治疗侵袭性曲霉病的是

64. 可治疗难治性或不能耐受其他抗真菌药物治疗的侵袭性曲霉菌病的是

[65~67]

    A. 氨苄西林舒巴坦   B. 阿奇霉素

    C. 头孢菌素   D. 氨基糖苷类

    E. 林可霉素

65. 与氨茶碱合用时，应注意监测氨茶碱血药浓度的药物是

66. 与华法林合用时，应严密监测凝血酶原时间的药物是

67. 与青霉素类混合后，两者抗菌活性会明显减弱的抗菌药物是

[68~70]

    A. 氟维司群   B. 他莫昔芬

    C. 贝伐珠单抗   D. 替吉奥

    E. 依西美坦

68. 主要用于在抗雌激素辅助治疗后或治疗过程中复发的雌激素受体阳性的局部晚期或转移性乳腺癌的药物为

69. 主要用于不能切除的局部晚期或转移性胃癌的药物为

70. 主要用于转移性结直肠癌和晚期、转移性或复发性非小细胞肺癌的药物为

[71~73]

    A. 口腔金属味

    B. 背痛、肌痛、肌酸激酶增高

    C. 肠梗阻

    D. 胰腺炎

    E. 酮症酸中毒

71. 属于磺酰脲类药物不良反应的是

72. 属于α-葡萄糖苷酶抑制剂不良反应的是

73. 属于噻唑烷二酮类药物不良反应的是

[74-76]

A. 螺内酯　　　　　B. 氨苯蝶啶

C. 阿米洛利　　　　D. 甘露醇

E. 甘油果糖

74. 可用于原发性醛固酮增多症的诊断和治疗的药物是

75. 可用于糖皮质激素治疗过程中发生的水钠潴留的药物是

76. 对于巴比妥类药物、锂、水杨酸盐和溴化物等药物中毒，可促进上述物质排泄的药物是

[77-78]

A. 低分子肝素　　　B. 维生素K

C. 尿激酶　　　　　D. 氨甲环酸

E. 氨基己酸

77. 治疗中枢神经病变所致轻症出血，宜选用

78. 长期大量应用广谱抗菌药物，宜适当补充

[79-81]

A. 头孢呋辛　　　　B. 头孢他啶

C. 头孢米诺　　　　D. 头孢唑林

E. 头孢曲松

79. 与多种药物存在配伍禁忌，如红霉素、四环素、万古霉素等，并可与金属形成络合物，故一般应单独给药的是

80. 可用于治疗拟杆菌属等厌氧菌感染的药物是

81. 与氨曲南在结构上有相似之处，可用于治疗铜绿假单胞菌感染的是

[82-84]

A. 需减少流血或止血的各种医疗情况

B. 预防及治疗纤维蛋白溶解亢进引起的各种出血

C. 既往对糖皮质激素、免疫球蛋白等治疗反应不佳的成人（≥18周岁）、

慢性免疫性（特发性）血小板减少症（ITP）患者

D. 维生素K缺乏引起的出血

E. 甲型血友病患者出血的治疗和预防

82. 蛇毒血凝酶可用于

83. 艾曲泊帕乙醇胺可用于

84. 氨基己酸可用于

[85-86]

A. 非洛地平　　　　B. 硝苯地平

C. 福辛普利　　　　D. 氨氯地平

E. 甲基多巴

85. 属于CYP3A4底物的是

86. 对肾功能损害者可采用正常剂量的药物是

[87-88]

A. 伏诺拉生　　　　B. 泮托拉唑

C. 米索前列醇　　　D. 莫沙必利

E. 法莫替丁

87. 通过竞争胃壁细胞膜腔面的钾离子来发挥作用的药物是

88. 属于终止早孕药，具有宫颈软化，增强子宫张力及宫内压作用的药物是

[89-90]

A. 酚磺乙胺　　　　B. 氨甲环酸

C. 血凝酶　　　　　D. 卡巴克络

E. 维生素K

89. 属于毛细血管止血药的是

90. 属于抗纤维蛋白溶解药的是

[91-93]

A. 远曲小管远端和集合管

B. 髓袢降支粗段

C. 髓袢细段

D. 髓袢升支粗段

E. 远曲小管

91. 氢氯噻嗪的作用部位是

92. 依普利酮的作用部位是

93. 布美他尼的作用部位是

[94~95]

    A. 别嘌醇   B. 苯溴马隆

    C. 秋水仙碱   D. 呋塞米

    E. 布洛芬

94. 可以降低血尿酸水平，但升高尿尿酸水平而易导致肾结石的药物是

95. 骨髓增生低下患者禁用的药物是

[96~98]

    A. 丙谷胺   B. 西咪替丁

    C. 雷尼替丁   D. 哌仑西平

    E. 铝碳酸镁

96. 可显著降低环孢素在体内消除速度的药物是

97. 会减慢苯妥英钠代谢的药物是

98. 使 H_2 受体拮抗剂吸收减少的药物是

[99~100]

    A. 利血平   B. 硝苯地平

    C. 哌唑嗪   D. 甲基多巴

    E. 福辛普利

99. 使用期间应注意贫血的降高血压药物是

100. 使用期间不得与利福平合用的降高血压药物是

三、综合分析选择题（共10题，每题1分 题目分为若干组，每组题基于同一个 临床情景、病例、实例或者案例的背 景信息逐题展开，每题的备选项中， 只有一个最符合题意）

[101~102]

    患者，女，45岁。上腹绞痛，间歇发作已数年。入院前40天，患者绞痛发作后有持续性钝痛，疼痛剧烈时放射到右肩及腹部，并有恶心、呕吐、腹泻等症状，经

某医院诊断为：胆石症，慢性胆囊炎。患者住院后，用抗生素控制症状，并肌内注射度冷丁（盐酸哌替啶）50mg、阿托品0.5mg，每3~4小时一次，并行手术治疗。

101. 应用哌替啶较常见的不良反应是

    A. 便秘   B. 依赖性

    C. 腹泻   D. 心律失常

    E. 呕吐

102. 阿托品伴随剂量增加可出现的反应不包括

    A. 腺体分泌减少

    B. 瞳孔扩大和调节麻痹

    C. 心率加快

    D. 胃液分泌抑制

    E. 膀胱和胃肠道平滑肌的兴奋性增加

[103~105]

    患儿，女，6岁，体重25kg，有青霉素过敏史、癫痫史。因急性胆囊炎合并腹腔感染住院治疗，体温39.5℃，检查：肝、肾功能正常，医师处方美罗培南静脉滴注（说明书规定儿童剂量为一次20mg/kg）。

103. 该患者应用美罗培南的合理用法是

    A. 0.5g，q8h   B. 0.5g，qd

    C. 0.25g，q8h   D. 0.5g，q4h

    E. 0.25g，qod

104. 该治疗药物属于哪类抗菌药物

    A. 氨基糖苷类   B. 头孢菌素类

    C. 碳青霉烯类   D. 磺胺类

    E. 青霉素类

105. 治疗过程中，应密切监测的不良反应是

    A. 前庭神经功能障碍

    B. 中枢神经系统症状

    C. 日光性皮炎

    D. 视网膜神经炎

E. 跟腱断裂

[106-107]

患者，男，36岁。家族有高血压遗传史，突发急性高血压。

106. 适用于该患者的是
　　A. 卡托普利　　B. 福辛普利
　　C. 缬沙坦　　　D. 奥美沙坦
　　E. 阿利吉仑

107. 初始剂量为一次
　　A. 10mg　　　B. 10.5mg
　　C. 12mg　　　D. 12.5mg
　　E. 14mg

[108-110]

患者，女，60岁。临床诊断为2型糖尿病。医嘱：

治疗用药	用药方法
二甲双胍片500mg	口服，2次/日
阿卡波糖片500mg	口服，3次/日

108. 关于二甲双胍的注意事项，错误的是
　　A. 服药期间避免饮酒，以免引起低血糖
　　B. 既往有乳酸酸中毒史者慎用
　　C. 服药期间应适当补充维生素B_2
　　D. 可能出现腹痛、腹泻、腹胀等不良反应
　　E. 妊娠糖尿病患者可以使用

109. 二甲双胍的不良反应不包括
　　A. 胃胀　　　　B. 口苦
　　C. 低血糖反应　D. 体重增加
　　E. 食欲减退

110. 该患者用药期间，除监测血糖之外，还应重点监测
　　A. 血脂　　　B. 血压
　　C. 肾功能　　D. 心功能
　　E. 肺功能

四、多项选择题（共10题，每题1分，每题得备选项中，有2个或2个以上符合题意，错选、少选均不得分）

111. 关于铂类化合物不良反应的说法，正确的有
　　A. 顺铂血液毒性最弱
　　B. 顺铂肾毒性最强
　　C. 卡铂胃肠道反应最弱
　　D. 卡铂肾毒性最弱
　　E. 奥沙利铂神经毒性最强

112. 患者，男，25岁。3天前突感眼睛有异物感、畏光、遇风流泪，有很多黏液或黏液性分泌物，诊断为沙眼，医生给予氯霉素沙眼滴剂。该药物的严重不良反应有
　　A. 再生障碍性贫血
　　B. 骨髓抑制
　　C. 抑制婴儿骨骼生长
　　D. 灰婴综合征
　　E. 耳毒性

113. 作用机制与激活过氧化物酶体增殖物活化受体有关，可明显降低空腹血糖及胰岛素和C肽水平的降糖药有
　　A. 伏格列波糖　　B. 罗格列酮
　　C. 格列本脲　　　D. 吡格列酮
　　E. 格列喹酮

114. 胺碘酮联合应用以下哪些药物，有可能诱导尖端扭转型室性心动过速
　　A. 奎尼丁　　　B. 索他洛尔
　　C. 西沙必利　　D. 地西泮
　　E. 莫西沙星

115. 患者，男，60岁。患有冠心病。单位体检中查出高血脂、高血压，预行介入手术治疗，围术期需用到抗血

栓药物。目前临床常用的药物种类包括

A. 维生素K拮抗剂

B. 肝素和低分子肝素

C. 直接口服抗凝药

D. 抗血小板药

E. 溶栓药

116. 过氧化酶系统和甲状腺疾病息息相关，正常人体内的 T_4 能转化成 T_3。抑制过氧化酶系统从而发挥作用的硫脲类药物，可用于

A. 甲状腺功能亢进症

B. 甲状腺手术前准备

C. 甲状腺功能减退

D. 甲状腺危象

E. 克汀病

117. 患者，女，60岁。肝硬化病史15年，食欲减退，常伴恶心、呕吐，因低蛋白血症出现下肢水肿及腹水，遵医嘱服用呋塞米和螺内酯。其中呋塞米的不良反应有

A. 常见口干、口渴、肌肉酸痛

B. 可引起低血钠、低血钾、低血钙

C. 可引起高尿酸血症、血糖升高

D. 长期用药可发生高氯性碱中毒

E. 疲乏无力、恶心、呕吐等

118. 抗消化性溃疡药硫糖铝与胶体碱式枸橼酸铋的共同特点包括

A. 均为胃黏膜保护药

B. 抑酸药可干扰两者的作用

C. 均可促进黏液分泌

D. 均为抗酸药

E. 均为抗幽门螺杆菌药

119. 患者，男，53岁。冠心病病史5年，突然在活动中出现心前区疼痛，伴左肩背部不适，给予硝酸酯类缓解疼痛。该药物的使用禁忌证为

A. 青光眼患者

B. 高血压患者

C. 严重低血压者

D. 硝酸酯类过敏者

E. 已使用5型磷酸二酯酶抑制剂者

120. 患者，男，59岁。诊断为急性心绞痛，舌下含服硝酸甘油片，药师应交代的注意事项包括

A. 禁止与西地那非合用

B. 不合理使用可致耐药性

C. 服药后可能出现头痛、面部潮红

D. 咳嗽是典型的不良反应

E. 15分钟内重复给药3次，症状仍不能缓解，应及时就医

2024 国家执业药师职业资格考试
全真模拟试卷

药学专业知识（二）

模拟试卷（二）

吴春虎　主编

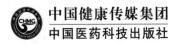

中国健康传媒集团

中国医药科技出版社

模拟试卷（二）

一、最佳选择题（共40题，每题1分，每题的备选项中，只有一个最符合题意）

1. 用药后容易出现锥体外系反应，且多见口干、视物模糊、便秘、尿潴留等症状的抗精神病药物是
   - A. 氯丙嗪
   - B. 利培酮
   - C. 阿立哌唑
   - D. 奥氮平
   - E. 氯氮平

2. 患者，男，47岁。头部及身体皮肤出现红斑和鳞屑，诊断为银屑病，使用甲氧沙林治疗。关于甲氧沙林的使用，说法正确的是
   - A. 需照射紫外线，一日或隔日一次
   - B. 禁用于18岁以下儿童
   - C. 治疗5次后即可见效
   - D. 治疗期间可多吃胡萝卜、芹菜等蔬菜
   - E. 严重肝功能不全者无需减量

3. 关于甲状腺激素生理活性的说法，错误的是
   - A. 四碘甲状腺原氨酸是主要的生理活性物质
   - B. 维持正常生长发育
   - C. 甲状腺功能不足可引起智力低下
   - D. 成人甲状腺功能不全时引起黏液性水肿
   - E. 提高交感肾上腺系统的感受性

4. 用于低钙血症，具有强烈刺激性，不宜皮下或肌内注射的是
   - A. 氯化钠
   - B. 乳酸钠
   - C. 门冬氨酸钾
   - D. 氯化钾
   - E. 氯化钙

5. 通过抑制甲型流感病毒的 M_2 蛋白的离子通道，从而抑制病毒脱壳和复制的药物是
   - A. 奥司他韦
   - B. 金刚烷胺
   - C. 扎那米韦
   - D. 帕拉米韦
   - E. 拉尼米韦

6. 患者，女，30岁。近日因感冒一直咳嗽，用镇咳药进行止咳。关于镇咳药作用强度的比较，正确的是
   - A. 可待因>苯丙哌林>喷托维林
   - B. 喷托维林>苯丙哌林>可待因
   - C. 喷托维林>可待因>苯丙哌林
   - D. 苯丙哌林>可待因>喷托维林
   - E. 苯丙哌林>喷托维林>可待因

7. 患者，男，70岁。患有肝硬化，体型消瘦，营养失调，感乏力。遵医嘱给予脂溶性维生素静脉输液，下列不属于该类药物的是
   - A. 维生素A
   - B. 维生素D
   - C. 维生素E
   - D. 叶酸
   - E. 维生素K

8. 患儿，女，8岁。感冒后鼻塞、流脓涕4个月，在此期间经常感冒，脓涕不断。伴咽部异物感，咳痰。无发热及头痛，睡眠无打鼾。反复用过阿奇霉素、头孢类药物，病情无缓解。医嘱阿莫西林–克拉维酸钾治疗7~10天，适当用1%盐酸麻黄碱液滴鼻。1%盐酸麻黄碱液滴鼻的主要目的是
   - A. 收缩血管，减轻炎症反应
   - B. 收缩血管，降低其通透性

C. 收缩鼻黏膜，改善鼻通气和鼻窦引流

D. 收缩鼻黏膜，抑制腺体分泌

E. 松弛平滑肌，减轻鼻肺反射

9. 雌激素少见或罕见但应注意的不良反应是

    A. 不规则阴道流血　　B. 食欲缺乏

    C. 多毛、痤疮　　　　D. 体重增加

    E. 乳房胀痛

10. 患者，女，25岁。长期口服避孕药，其可能引起的不良反应是

    A. 血小板减少　　　　B. 过敏性紫癜

    C. 骨质疏松　　　　　D. 月经紊乱

    E. 体毛增多

11. 维生素A缺乏时可引起

    A. 角膜软化　　　　　B. 成人佝偻病

    C. 脚气病　　　　　　D. 坏血病

    E. 糙皮病

12. 患者，男，40岁。食欲减退、腹胀、厌油腻食物多年，入院诊断为"慢性肝炎"，可用于辅助治疗的药物是

    A. 门冬氨酸钾镁　　　B. 枸橼酸钾

    C. 氯化钠　　　　　　D. 氯化钾

    E. 氯化钙

13. 下列药物能降低左甲状腺素的作用，升高血清TSH水平的是

    A. 丙硫氧嘧啶　　　　B. 别嘌醇

    C. 噻托溴铵　　　　　D. 舍曲林

    E. 利福平

14. 患者，男，35岁。阴茎持续不能达到或维持足够的勃起以完成满意性生活，针对该症状，可选用的药物是

    A. 阿米洛利　　　　　B. 布美他尼

    C. 特拉唑嗪　　　　　D. 非那雄胺

    E. 西地那非

15. 关于利伐沙班叙述错误的是

    A. 妊娠期及哺乳期妇女禁用

B. 可以与其他抗凝药联合使用

C. 不得与吡咯类抗真菌药联用

D. 利伐沙班不易被透析清除

E. 常见不良反应是出血，也是导致永久性停药的最常见的不良反应

16. 青霉素治疗何种疾病时可引起赫氏反应

    A. 大叶性肺炎

    B. 回归热

    C. 梅毒和钩端螺旋体病

    D. 破伤风

    E. 蜂窝织炎

17. 下列关于阿仑膦酸钠临床应用注意事项的描述，错误的是

    A. 同时服用钙剂增加本品吸收

    B. 早餐前至少30min用200ml温开水送服

    C. 服后30min内不宜进食和卧床

    D. 不宜喝牛奶、咖啡、茶

    E. 治疗前须纠正钙代谢紊乱、维生素D缺乏等

18. 下述哪种药物可能对软骨发育有影响，儿童不推荐使用

    A. 红霉素眼膏　　　　B. 氯霉素眼膏

    C. 左氧氟沙星　　　　D. 阿托品

    E. 妥布霉素眼膏

19. 下列可能引起口腔、咽喉部白假丝酵母菌感染的药物是

    A. 色甘酸钠　　　　　B. 喷托维林

    C. 沙丁胺醇　　　　　D. 氨溴索

    E. 布地奈德

20. 防治骨质疏松的药物可分为钙剂、抑制骨吸收药和刺激骨形成药，下列属于刺激骨形成药的是

    A. 阿法骨化醇　　　　B. 替勃龙

    C. 降钙素　　　　　　D. 氟制剂

    E. 依普黄酮

21. 下列药物属于第四代头孢菌素的是
    A. 头孢氨苄　　　　B. 头孢呋辛
    C. 头孢吡肟　　　　D. 头孢噻肟
    E. 头孢洛林酯

22. 下列哪项不属于血管紧张素转换酶抑制药的主要临床应用
    A. 高血压　　　　　B. 心律失常
    C. 心力衰竭　　　　D. 冠心病
    E. 糖尿病肾病

23. 下列药物中，不属于抗心律失常药物的是
    A. 硝苯地平　　　　B. 维拉帕米
    C. 胺碘酮　　　　　D. 普罗帕酮
    E. 索他洛尔

24. 关于地屈孕酮临床应用的叙述，错误的是
    A. 可用于痛经
    B. 可用于孕激素缺乏所致先兆流产或习惯性流产
    C. 用于月经周期不规律
    D. 可作为长效避孕药
    E. 可用于功能失调性子宫出血

25. 患者，女，45岁。胃溃疡病史5年，医生给予胃黏膜保护药，适用于该患者的药物是
    A. 雷尼替丁　　　　B. 兰索拉唑
    C. 乳酸菌素　　　　D. 枸橼酸铋钾
    E. 多潘立酮

26. 可选择性激动5-HT$_4$受体，增强胃肠道蠕动反射，可用于治疗老年人慢传输型便秘的药物是
    A. 普芦卡必利　　　B. 利那洛肽
    C. 多库酯钠　　　　D. 聚卡波非钙
    E. 聚乙二醇4000

27. 快速静脉注射可出现低血压、心动过速、心律失常，少数人可发生惊厥及

心脏或肝脏损害的药物是
    A. 矛头蝮蛇血凝酶　B. 甲萘氢醌
    C. 鱼精蛋白　　　　D. 卡巴克络
    E. 氨基己酸

28. 患者，男，65岁。患有高血压，3年前有过脑卒中病史，下列适用于该患者，可抑制血小板聚集的药物是
    A. 肝素　　　　　　B. 华法林
    C. 达比加群酯　　　D. 尿激酶
    E. 阿哌沙班

29. 患者，男，35岁。转移性右下腹痛，急性阑尾炎发作，行全身麻醉前给药可用
    A. 毛果芸香碱　　　B. 氨甲酰胆碱
    C. 东莨菪碱　　　　D. 毒扁豆碱
    E. 山莨菪碱

30. 患者，女，39岁。因黑色稀便3天入院。有上腹部隐痛史，常有夜间痛、饥饿痛，进食可缓解。给予西咪替丁治疗，该药物治疗十二指肠溃疡的机制为
    A. 中和过多的胃酸
    B. 形成保护膜覆盖溃疡面
    C. 阻断胃腺壁细胞上的组胺H$_1$受体，抑制胃酸分泌
    D. 阻断胃腺壁细胞上的组胺H$_2$受体，抑制胃酸分泌
    E. 抑制H$^+$，K$^+$-ATP酶

31. 患者，男，29岁。因反酸、烧心、胸骨后隐痛1个月余就诊。胃镜检查提示反流性食管炎。最适用于该患者的药物是
    A. 西咪替丁　　　　B. 雷尼替丁
    C. 奥美拉唑　　　　D. 尼扎替丁
    E. 阿托品

32. 患者，男，67岁。既往有癫痫病史，突口吐白沫，四肢抽搐，需给予的药物是

A. 苯巴比妥　　　　B. 卡马西平

C. 苯妥英钠　　　　D. 佐匹克隆

E. 唑吡坦

33. 关于地西泮的叙述，错误的是

　　A. 是一种长效镇静催眠药物

　　B. 缓解炎症所引起的反射性肌肉痉挛

　　C. 用于焦虑、镇静催眠、抗癫痫和抗惊厥

　　D. 目前临床常用于治疗失眠

　　E. 也可用于治疗惊厥症、紧张性头痛及家族性、老年性和特发性震颤

34. 唑吡坦的主要临床用途是

　　A. 抗癫痫　　　　B. 抗精神病

　　C. 镇静催眠　　　D. 抗抑郁

　　E. 抗惊厥

35. 关于镇痛药的用药监护，叙述不正确的是

　　A. 注射用药极少产生精神或身体依赖性

　　B. "按时"给药而不是"按需"给药

　　C. 按阶梯给药，对轻度疼痛患者首选非甾体抗炎药

　　D. 中度疼痛患者应用弱阿片类药，重度疼痛患者用强阿片类药

　　E. 用药个体化，剂量应根据患者需求由小到大

36. 患者，男，29岁。因突然发作性全身抽搐，口吐白沫，大小便失禁诊断为"癫痫"入院治疗。对各种类型的癫痫均有效，为广谱抗癫痫药的是

　　A. 丙戊酸钠　　　B. 地西泮

　　C. 卡马西平　　　D. 乙琥胺

　　E. 苯巴比妥

37. 服用后可能导致口中有氨味，舌苔、大便呈灰黑色的药物是

　　A. 奥美拉唑　　　B. 硫糖铝

C. 枸橼酸铋钾　　D. 西咪替丁

E. 泮托拉唑

38. 患儿，男，6岁。三天前出现咳嗽，流涕，体温38℃，诊断为普通感冒。适用于该患儿的药物为

　　A. 尼美舒利　　　B. 曲马多

　　C. 保泰松　　　　D. 对乙酰氨基酚

　　E. 地西泮

39. 患者，男，61岁。痛风病史14年，患有肾结石，近期出现跖趾关节肿痛，反复发作，该患者禁用的抗痛风药是

　　A. 秋水仙碱　　　B. 别嘌醇

　　C. 非布司他　　　D. 苯溴马隆

　　E. 呋塞米

40. 患者，女，42岁。双掌指关节、腕关节肿痛伴晨僵1个月，诊断为类风湿关节炎，给予抗风湿药治疗。下列不属于该类药物的是

　　A. 萘普生　　　　B. 糖皮质激素

　　C. 依那西普　　　D. 司来吉兰

　　E. 柳氮磺吡啶

二、配伍选择题（共60题，每题1分。题目分为若干组。每组题目对应同一组备选项，备选项可重复选用，也可不选用，每题只有1个备选项最符合题意）

[41~42]

　　A. 甲羟孕酮　　　B. 黄体酮

　　C. 戊酸雌二醇　　D. 他莫昔芬

　　E. 依普黄酮

41. 患者，女，35岁。怀孕3次，流产3次，诊断为习惯性流产，该患者选用的药物是

42. 患者，女，40岁。已有2个孩子，现采用宫内节育器方法避孕，缓释孕激素的药物是

[43~44]

   A. 佐匹克隆　　　　B. 氟西泮

   C. 苯巴比妥　　　　D. 咪达唑仑

   E. 氯美扎酮

43. 患者，男，20岁。诊断为失眠，常感焦虑、夜间醒来次数较多，早醒。可选择的药物是

44. 患者，女，30岁。患癫痫3年，服药期间出现致死性剥脱性皮疹，且出现皮疹等皮肤反应。需立即停药的药物是

[45~47]

   A. 布洛芬　　　　　B. 对乙酰氨基酚

   C. 双氯芬酸钠　　　D. 阿司匹林

   E. 尼美舒利

45. 12岁以下儿童禁用的是

46. 可作为冠心病不良事件一级和二级预防的药物是

47. 有解热镇痛作用，几乎没有抗炎作用的药物是

[48~49]

   A. 利多卡因　　　　B. 苯妥英钠

   C. 维拉帕米　　　　D. 胺碘酮

   E. 普鲁卡因胺

48. 用于终止阵发性室上性心动过速的钙通道阻滞剂是

49. 属于广谱Ⅲ类抗心律失常药的是

[50~51]

   A. 痛风

   B. 预防急性肾功能衰竭

   C. 肝硬化腹水

   D. 尿崩症

   E. 肾石症

50. 托拉塞米临床常用于

51. 呋塞米临床适用于

[52~54]

   A. 吗啡　　　　　　B. 哌替啶

   C. 喷他佐辛　　　　D. 纳洛酮

   E. 可待因

52. 抗利尿作用最明显的药物是

53. 可用于人工冬眠的药物是

54. 可用于频繁、剧烈干咳及刺激性咳嗽的药物是

[55~57]

   A. 导致前者血药浓度增高

   B. 两种药物作用相加

   C. 两种药物会形成复合物沉淀

   D. 导致前者血药浓度降低

   E. 阻止后者在肾脏被灭活

55. 头孢曲松不能与含钙药品同时静脉给药的原因是

56. 服用丙戊酸钠的癫痫患者合用美罗培南后，可能引起癫痫发作的机制是

57. 西司他丁和亚胺培南组成复方制剂的原因是

[58~60]

   A. 头孢菌素　　　　B. 氯霉素

   C. 四环素类　　　　D. 糖肽类

   E. 硝基呋喃

58. 与布克利嗪合用时，可能掩盖耳鸣、头昏、眩晕等耳毒性症状的药物是

59. 能抑制细菌蛋白质合成，对青霉素类杀菌剂的杀菌效果有干扰作用的药物是

60. 不宜用于较重感染，仅适用于肠道感染及下尿路感染的药物是

[61~63]

   A. 头孢唑林　　　　B. 庆大霉素

   C. 氯霉素　　　　　D. 左氧氟沙星

   E. 阿莫西林

61. 属于浓度依赖性抗菌药物，给药方案推荐每日一次给药的氨基糖苷类抗菌药物是

62. 可用于治疗伤寒、副伤寒，且有骨髓

抑制作用的药物是

63. 可用于治疗慢性支气管炎急性细菌感染、急性鼻窦炎、急性单纯性下尿路感染的药物是

[64—66]

    A. 利福昔明

    B. 乳酶生

    C. 利那洛肽

    D. 双歧杆菌三联活菌

    E. 复方地芬诺酯

64. 属于鸟苷酸环化酶C激动剂，6岁以下儿童禁用的是

65. 连续服用不能超过7日，尿液可变成粉红色的是

66. 属于阿片受体激动剂和M胆碱受体拮抗剂的制剂是

[67—69]

    A. 瑞格列奈   B. 格列本脲

    C. 阿卡波糖   D. 二甲双胍

    E. 利拉鲁肽

67. 属于非磺酰脲类促胰岛素分泌药的是

68. 属于双胍类降糖药的是

69. 属于α-葡萄糖苷酶抑制剂的是

[70—71]

    A. 碘及碘化物   B. 丙硫氧嘧啶

    C. 左甲状腺素   D. 鲨肝醇

    E. 左炔诺孕酮

70. 可引起粒细胞缺乏症的药物是

71. 合并冠心病、心功能不全患者避免应用的药物是

[72—73]

    A. 生殖泌尿道感染

    B. 低血糖，体重增加

    C. 咽炎、鼻炎、上呼吸道感染

    D. 剥脱性皮炎

    E. 恩格列净

72. 钠-葡萄糖协同转运蛋白2（SGLT-2）抑制剂的常见不良反应是

73. 非磺酰脲类胰岛素促进药常见的不良反应是

[74—75]

    A. 赛洛多辛   B. 托特罗定

    C. 奥昔布宁   D. 度他雄胺

    E. 非那雄胺

74. 用于治疗良性前列腺增生的药物是

75. 用于无抑制性和返流性神经源性膀胱功能障碍患者与排尿有关的症状缓解的药物是

[76—78]

    A. 肝素   B. 阿替普酶

    C. 达比加群酯   D. 氯吡格雷

    E. 地高辛

76. 急性心肌梗死应使用

77. 预防动脉粥样硬化血栓形成应使用

78. 预防成人非瓣性房颤患者的卒中和全身性栓塞应使用

[79—81]

    A. 用于防治甲型血友病和获得性凝血因子Ⅷ缺乏而致的出血症状及其手术所致的出血

    B. 可用于需减少流血或止血的各种医疗情况，如外科、内科、妇产科、眼科、耳鼻喉科、口腔科等临床科室的出血及出血性疾病；也可用来预防出血

    C. 用于甲型血友病（先天性凝血因子Ⅷ缺乏）患者出血的治疗和预防

    D. 用于预防及治疗血纤维蛋白溶解亢进引起的各种出血

    E. 控制和预防成人及儿童乙型血友病（先天性凝血因子Ⅸ缺乏症或

（Christmas病）患者出血

79. 人凝血因子Ⅷ的适应证是

80. 重组人凝血因子Ⅷ的适应证是

81. 重组人凝血因子Ⅸ的适应证是

[82-84]

    A. 普萘洛尔+洋地黄

    B. 普萘洛尔+苯福林

    C. 普萘洛尔+利血平

    D. 普萘洛尔+氟哌啶醇

    E. 普萘洛尔+单胺氧化酶抑制剂

82. 可致极度低血压的是

83. 可引起显著高血压的是

84. 可发生房室传导阻滞而使心率减慢的是

[85-87]

    A. 戊四硝酯

    B. 硝酸甘油

    C. 硝酸异山梨酯

    D. 单硝酸异山梨酯

    E. 5-单硝酸异山梨酯

85. 2~3分钟起效的药物是

86. 15~40分钟起效的药物是

87. 30~60分钟起效的药物是

[88-90]

    A. 组胺   B. 乙醇

    C. 阿米替林   D. 西地那非

    E. 布美他尼

88. 可使硝酸酯类药物疗效减弱的是

89. 与硝酸酯类药物同用可发生显著性低血压的是

90. 与硝酸酯类药物同用可加剧抗抑郁药的低血压和抗胆碱作用的是

[91-93]

    A. 氯丙嗪   B. 氯氮平

    C. 阿立哌唑   D. 氟伏沙明

    E. 吗氯贝胺

91. 主要作用于中枢多巴胺D_2受体的药物是

92. 对5-HT受体具有较高的阻断作用，对中脑边缘系统的作用比对纹状体系统的作用更具有选择性的药物是

93. 属于5-HT-DA系统稳定剂的是

[94-95]

    A. 奥美拉唑   B. 布洛芬

    C. 丙磺舒   D. 氢氧化铝

    E. 秋水仙碱

94. 风湿性关节炎伴有胃溃疡患者最好选用

95. 痛风关节炎的急性发作最好选择

[96-98]

    A. 赖脯胰岛素

    B. 精蛋白生物合成人胰岛素（混合30R）

    C. 普通胰岛素

    D. 地特胰岛素

    E. 精蛋白生物合成人胰岛素（混合50R）

96. 属于速效胰岛素类似物的是

97. 属于短效胰岛素（RI）的是

98. 属于长效胰岛素类似物的是

[99-100]

    A. 双氯西林   B. 氨苄西林

    C. 阿莫西林   D. 哌拉西林

    E. 氯霉素

99. 属于抗铜绿假单胞菌的青霉素类药物是

100. 有拮抗维生素B_6的作用，可致周围神经炎的抗菌药物是

三、综合分析选择题（共10题，每题1分 题目分为若干组，每组题基于同一个临床情景、病例、实例或者案例的背景信息逐题展开，每题的备选项中，只有一个最符合题意）

[101-102]

    患者，女，26岁。以"多汗、心慌、消瘦、易怒半月余"为主诉入院。相关实

验室检查提示：FT_3和FT_4均升高，TSH降低，甲状腺Ⅱ度肿大，心率92次/分，诊断为"甲状腺功能亢进症"。医嘱：甲巯咪唑片10mg，一日3次；盐酸普萘洛尔片10mg，一日3次。应用1个月后复查，FT_3和FT_4恢复正常，但出现咽喉疼痛。

101. 患者出现咽喉疼痛的原因可能是

    A. 甲亢高代谢状态使血钾水平降低

    B. 甲亢高代谢状态使血钙水平降低

    C. 甲巯咪唑引起的不良反应

    D. 甲亢纠正后的正常反应

    E. 普萘洛尔引起的不良反应

102. 关于抗甲状腺药的药物相互作用的表述，错误的是

    A. 与口服抗凝药合用可致抗凝药疗效增加

    B. 高碘食物或药物的摄入可使甲亢病情加重

    C. 抗甲状腺药可能诱发白细胞减少症

    D. 丙硫氧嘧啶可引起粒细胞减少症

    E. 磺酰脲类无抑制甲状腺功能和致甲状腺肿大的作用

[103—105]

患者，女，49岁。身高164cm，体重55kg，因更年期月经不调，经药物治疗效果不佳，而行"子宫切除术"。无药物过敏史。

103. 该患者应选择哪种抗菌药物进行术前预防

    A. 阿奇霉素　　B. 头孢西丁

    C. 左氧氟沙星　D. 克林霉素

    E. 拉氧头孢

104. 行经腹腔子宫切除术前，抗菌药物用药的时间为

    A. 1~1.5h，静脉滴注3g，之后每6h静脉滴注1g

    B. 1~1.5h，静脉滴注2g，之后每6h静脉滴注1g

    C. 2~2.5h，静脉滴注2g，之后每6h静脉滴注1g

    D. 2~2.5h，静脉滴注3g，之后每6h静脉滴注1g

    E. 2~2.5h，静脉滴注3g，之后每6h静脉滴注2g

105. 若该患者术后发生腹腔感染，可选用的药品是

    A. 拉氧头孢　　B. 克拉霉素

    C. 替考拉宁　　D. 米诺环素

    E. 羟氨苄青霉素

[106—108]

患者，女，67岁。高血压、2型糖尿病、冠心病病史13年，既往血压最高达180/115mmHg，规律服用氨氯地平、比索洛尔、西格列汀、二甲双胍，3年前发生缺血性脑卒中。近期因记忆力下降明显，伴认知功能障碍加重入院，查体：体温36.5℃，血压155/95mmHg，心率92次/分，呼吸14次/分，意识清，少语，动作迟缓，空间感、时间感、计算力、近记忆力、定向力下降，共济运动检查欠合作。影像学检查提示脑内多发陈旧性缺血梗死灶、脑室扩大、脑萎缩、左侧大脑中动脉纤细合并局限性狭窄。诊断为血管性痴呆、高血压3级（很高危）、2型糖尿病、冠心病。

106. 可用于改善该患者认知功能障碍的药物是

    A. 氟西汀　　　B. 米氮平

    C. 倍他司汀　　D. 多奈哌齐

    E. 恩他卡朋

107. 为改善该患者脑供血不足，同时兼顾血压控制，可选用的具有 α 受体拮抗作用和血管扩张作用的药物是

A. 利斯的明　　B. 丁苯酞

C. 尼麦角林　　D. 度洛西汀

E. 茴拉西坦

108. 该患者出院后常出现体位性眩晕、耳鸣，可选用的药物是

A. 倍他司汀　　B. 石杉碱甲

C. 吡拉西坦　　D. 艾地苯醌

E. 苯海索

[109～110]

患者，男，46岁。身高174cm，体重65kg，因饮食不当24h内排便五次，便质为稀水样。无药物过敏史。

109. 不适合该患者选择的药物是

A. 蒙脱石

B. 双歧杆菌三联活菌

C. 洛哌丁胺

D. 柳氮磺吡啶

E. 消旋卡多曲

110. 下列不属于洛哌丁胺常见不良反应的是

A. 胃肠胀气　　B. 便秘

C. 食欲增加　　D. 恶心

E. 头晕

四、多项选择题（共10题，每题1分，每题得备选项中，有2个或2个以上符合题意，错选、少选均不得分）

111. 关于吲达帕胺的叙述，正确的有

A. 为袢利尿药

B. 可用于治疗高血压

C. 利尿作用较氢氯噻嗪强

D. 可引起低血钾

E. 有一定扩血管作用

112. 下列药物中能引起血钾升高的有

A. 布美他尼　　B. 螺内酯

C. 氨苯蝶啶　　D. 阿米洛利

E. 呋塞米

113. 关于使用外用糖皮质激素药物注意事项叙述正确的是

A. 软膏剂、乳膏剂外用后应多加揉擦

B. 有刺激性的药物应从低浓度开始逐渐递增

C. 皮肤皱褶及黏膜部位宜使用高浓度的药物

D. 用药部位一旦出现刺激症状，或有红肿、皮肤瘙痒等反应，应立即停药

E. 皮肤吸收药物的能力因部位不同而有所差别

114. 患者，女，37岁。扩张型心肌病5年，因心力衰竭入院，现出现明显液体潴留，该患者宜选用的袢利尿剂是

A. 布美他尼　　B. 呋塞米

C. 托拉塞米　　D. 依他尼酸

E. 氢氯噻嗪

115. 患者，男，71岁。血脂异常，服用辛伐他汀治疗。该患者同时合用哪些药物可使辛伐他汀血药浓度升高，肌毒性发生风险增高

A. 利福平　　B. 苯妥英钠

C. 红霉素　　D. 酮康唑

E. 环孢素

116. 关于白蛋白结合型紫杉醇制剂特点的说法，正确的是

A. 持续静脉滴注3h

B. 过敏反应发生率极低，无需预处理

C. 无需使用特殊输液器

D. 用5%葡萄糖注射液作为溶剂

E. 与紫杉醇脂质体相比，不良反应发生率高

117. 患者，女，65岁。反复腰背痛2年，

加重20天入院。患者48岁停经，几天前行双X线骨密度检查示骨密度低，诊断为骨质疏松症，医嘱给予抑制骨吸收药物治疗。下列属于该类药物的是

A. 阿仑膦酸钠　　B. 替勃龙

C. 雷洛昔芬　　　D. 生长激素

E. 降钙素

118. 生长抑素适应证包括

A. 胰腺外科术后并发症的预防和治疗

B. 胰、胆和肠瘘的辅助治疗

C. 经两种不同的生长激素刺激试验确诊的生长激素显著缺乏

D. 内源性生长激素缺乏所引起的儿童生长缓慢

E. 糖尿病酮症酸中毒的辅助治疗

119. 患儿，女，10岁。尿频，尿急、尿痛2天。查体：体温37℃，眼睑无水肿，心肺无异常。初步诊断为泌尿系感染，遵医嘱给予磺胺类药物治疗，治疗中出现过敏反应。下列药物中，同样需要禁用的是

A. 左氧氟沙星　　B. 呋塞米

C. 氢氯噻嗪　　　D. 格列本脲

E. 吲哚美辛

120. 尼麦角林的临床应用包括

A. 短暂性脑缺血发作

B. 雷诺综合征

C. 血管性痴呆

D. 老年性耳聋

E. 视网膜疾病

2024 国家执业药师职业资格考试

全真模拟试卷

药学专业知识（二）

模拟试卷（三）

吴春虎　主编

中国健康传媒集团

中国医药科技出版社

模拟试卷（三）

一、最佳选择题（共40题，每题1分，每题的备选项中，只有一个最符合题意）

1. 严重低钾血症、高血压患者禁用的保肝药是
   - A. 门冬氨酸钾镁
   - B. 还原型谷胱甘肽
   - C. 多烯磷脂酰胆碱
   - D. 甘草酸二铵
   - E. 联苯双酯

2. 一般不作为关节类的首选治疗用药，仅在其他非甾体抗炎药治疗无效时才考虑使用的药物是
   - A. 美洛昔康
   - B. 尼美舒利
   - C. 吲哚美辛
   - D. 对乙酰氨基酚
   - E. 塞来昔布

3. 关于α–葡萄糖苷酶抑制剂的作用特点描述，不正确的是
   - A. 不增加体重，有使体重下降趋势
   - B. 阿卡波糖口服较少吸收，生物利用度小于1%
   - C. 常见不良反应为胃肠道反应、低血糖
   - D. 可单用于老年患者或餐后高血糖患者
   - E. 18岁以下患者禁用

4. 长期大剂量使用福莫特罗可导致的严重不良反应是
   - A. 低钙血症
   - B. 低镁血症
   - C. 低钾血症
   - D. 高钠血症
   - E. 高钾血症

5. 患者，男，65岁。嗜酒如命，在一次体检中发现自己患了高血压，还有左心室肥厚，该患者最宜服用哪种药物

   - A. 维拉帕米
   - B. 氢氯噻嗪
   - C. 依他尼酸
   - D. 硝苯地平
   - E. 卡托普利

6. 青霉素的杀菌靶值为
   - A. ≥8%
   - B. ≥60%~70%
   - C. 50%~60%
   - D. 80%~460%
   - E. ≥40%~50%

7. 下列哪个药物与他莫昔芬合用，可增加溶血性尿毒症的发生危险
   - A. 卡铂
   - B. 顺铂
   - C. 丝裂霉素
   - D. 博来霉素
   - E. 长春新碱

8. 患者，女，42岁。行抗青光眼术后一段时间后出现眼痛，诊断为"恶性青光眼"，遵医嘱用阿托品进行治疗，此药对眼部的作用特点是
   - A. 缩瞳，调节痉挛
   - B. 缩瞳，调节麻痹
   - C. 扩瞳，调节痉挛
   - D. 扩瞳，调节麻痹
   - E. 扩瞳，降低眼压

9. 良性前列腺增生症的治疗药物中，属于5α–葡萄还原酶抑制剂的是
   - A. 特拉唑嗪
   - B. 非那雄胺
   - C. 坦索罗辛
   - D. 十一酸睾酮
   - E. 西地那非

10. 关于绒促性素的说法，不正确的是
    - A. 运动员、高血压患者慎用
    - B. 妊娠试验可出现假阳性，应在用药10日后进行检查

C. 宜用前临时配制

D. 使用绒促性素促排卵可增加多胎率

E. 给药方法为静脉注射

11. 下列不属于酪氨酸激酶抑制剂常见不良反应的是

A. 腹泻

B. 皮疹

C. 恶心、厌食或者呕吐

D. 皮肤色泽加深

E. 睡眠障碍

12. 免疫检查点抑制剂最常见的不良反应是

A. 肝损害　　　　B. 甲状腺疾病

C. 糖尿病　　　　D. 白癜风

E. 呼吸困难

13. 患者，男，34岁。旅游回来后，突然出现剧烈头痛、烦躁不安，染色检查疟原虫阳性，诊断为疟疾，应用青蒿素治疗，下列关于青蒿素的作用特点说法正确的是

A. 不易透过血-脑屏障进入脑组织

B. 脑型疟有效

C. 控制临床发作的速度缓慢

D. 对疟原虫红内期无杀灭作用

E. 妊娠期妇女禁用双氢青蒿素

14. 下列关于肝素类药物的抗凝血作用，描述正确的是

A. 仅在体内有效

B. 仅在体外有效

C. 体内、体外均有强大的抗凝作用

D. 口服效果较好

E. 中毒的特效解毒剂是维生素K

15. 患者，男，25岁。一日多次服用西地那非。关于此药引起的不良反应有

A. 嗜睡乏力　　　　B. 低血糖

C. 视觉异常　　　　D. 出血

E. 骨质疏松

16. 下列哪项属于醋酸去氨加压素禁忌证

A. 心功能正常

B. A型血管性血友病

C. 糖尿病

D. 不稳定型心绞痛

E. 结核病

17. 患者，女，30岁。因甲状腺肿行"甲状腺切除术"，术后服用左甲状腺素片。使用该药物的主要目的是

A. 预防甲状腺肿复发

B. 防止甲状腺亢进

C. 降低血糖

D. 促进肾上腺素功能恢复

E. 降低腺垂体功能

18. 关于双胍类药物二甲双胍的禁忌证，不正确的是

A. 严重肾功能不全者

B. 营养不良、脱水等全身情况较差者

C. 轻微心、肺疾病患者

D. 维生素B_{12}、叶酸和铁缺乏者

E. 酗酒者

19. 坦索罗辛和赛洛多辛的作用机制是

A. 松弛血管平滑肌

B. 缩小前列腺体积

C. 抑制双氢睾酮

D. 抑制5α还原酶

E. 松弛前列腺平滑肌，缓解膀胱出口梗阻

20. 有关大剂量碘的描述错误的是

A. 有抗甲状腺的作用

B. 作用时间短暂

C. 服用时间过长可使病情加重

D. 可作为常规的抗甲状腺药

E. 甲亢患者表现尤为明显

21. 患者，男，40岁。尿急、尿频10天，诊断为"膀胱过度活动症"。对于治疗膀胱活动过度的药物中抗胆碱作用最强的药物为
    A. 奥昔布宁　　　　B. 黄酮哌酯
    C. 托特罗定　　　　D. 美托拉宗
    E. 索利那新

22. M受体中，唯一直接参与膀胱收缩的重要受体是
    A. M_1　　　　　　B. M_2
    C. M_3　　　　　　D. M_4
    E. M_5

23. 关于利多卡因的叙述正确的是
    A. 仅用于室性心律失常，常见神经系统不良反应
    B. 可治疗阵发性室上性心动过速
    C. 可用于房颤的复律治疗和复律后的维持
    D. 可治疗房性期前收缩
    E. 对短动作电位时程的心房肌有效

24. 维拉帕米的禁忌证不包括
    A. 二度房室传导阻滞
    B. 下肢间歇性跛行
    C. 低血压
    D. 妊娠早期妇女
    E. 心房颤动伴显性预激综合征

25. 属于袢利尿药的是
    A. 托拉塞米　　　　B. 螺内酯
    C. 甘露醇　　　　　D. 美托拉宗
    E. 阿米洛利

26. 用药后可使尿液呈橘红色的药物是
    A. 利福平　　　　　B. 乙胺丁醇
    C. 异烟肼　　　　　D. 链霉素
    E. 对氨基水杨酸钠

27. 属于调节酸碱平衡药，静脉滴注可用

于巴比妥类药物中毒治疗的药物是
    A. 乳酸钠
    B. 碳酸氢钠
    C. 复方氨基酸注射液（18AA）
    D. 复方氨基酸注射液（9AA）
    E. 复方氨基酸注射液（3AA）

28. 用于抗心力衰竭的主要药物不包括
    A. 利尿剂
    B. 血管紧张素转换酶抑制剂
    C. 血管紧张素Ⅱ受体拮抗剂
    D. 醛固酮受体拮抗剂
    E. 钙通道阻滞剂

29. 患者，男，咳嗽、咳痰、呼吸困难2天，诊断为"慢性心力衰竭"，近1天来咳嗽加重，现不能耐受ACEI，此时可选择
    A. 硝苯地平
    B. 单硝酸异山梨酯
    C. 依那普利
    D. 氯沙坦
    E. 呋塞米

30. 患者，女，50岁。无明显诱因出现头晕伴恶心、头痛，医院就诊后测血压200/110mmHg，诊断为"高血压"，遵医嘱口服卡托普利，其初始治疗方案为
    A. 每次2.5mg，一日2次
    B. 每次5mg，一日2次
    C. 每次7.5mg，一日2次
    D. 每次10mg，一日2次
    E. 每次12.5mg，一日2次

31. 可直接补充人体正常生理细菌，调整肠道菌群平衡的药物是
    A. 双歧杆菌三联活菌
    B. 双歧杆菌
    C. 地芬诺酯

D. 酪酸菌

E. 双八面体蒙脱石

32. 特布他林平喘的主要机制是

    A. 激动肾上腺素β₂受体

    B. 抑制白三烯受体

    C. 阻断腺苷受体

    D. 阻断M胆碱受体

    E. 抑制致炎物质的释放

33. 患者，女，20岁。咳嗽5天，伴有痰2天，不易咳出。可选择的药物是

    A. 可待因   B. 氨溴索

    C. 苯丙哌林   D. 右美沙芬

    E. 喷托维林

34. 具有抑制胃酸分泌作用的药物是

    A. 奥美拉唑   B. 西沙必利

    C. 碳酸氢钠   D. 莫沙必利

    E. 碳酸钙

35. 同时具有短效和长效（双时相）作用的胰岛素是

    A. 普通胰岛素注射液

    B. 精蛋白锌胰岛素注射液

    C. 精蛋白人胰岛素混合注射液（30R）

    D. 赖脯胰岛素注射液

    E. 门冬胰岛素注射液

36. 患者，男，52岁。BMI 28kg/m²，既往有动脉粥样硬化性心血管病、高尿酸血症、痛风病。患者诉昨晚8点起右大脚趾关节处疼痛难忍，宜使用的药物是

    A. 丙磺舒   B. 非布司他

    C. 别嘌醇   D. 秋水仙碱

    E. 苯溴马隆

37. 卡马西平抗癫痫的作用机制是

    A. 抑制癫痫病灶神经元过度放电

    B. 阻断突触前钠通道和动作电位发

散，阻断神经递质释放，从而调节神经兴奋性

    C. 加速Na⁺、Ca²⁺内流

    D. 高浓度激活神经末梢对GABA的摄取

    E. 增大蓝斑核去甲肾上腺素能神经的电活动

38. 下列没有降低眼压作用的药物是

    A. 阿托品   B. 毛果芸香碱

    C. 噻吗洛尔   D. 拉坦前列素

    E. 布林佐胺

39. 关于苯丙哌林与可待因镇咳作用强度比较，正确的是

    A. 可待因镇咳作用约为苯丙哌林的2倍

    B. 苯丙哌林镇咳作用约为可待因的2倍

    C. 可待因镇咳作用约为苯丙哌林的2~4倍

    D. 苯丙哌林镇咳作用约为可待因的2~4倍

    E. 可待因镇咳作用约为苯丙哌林的4~5倍

40. 用于成瘾性镇痛药过量，可静脉注射的药物是

    A. 佐匹克隆   B. 纳洛酮

    C. 唑吡坦   D. 右丙氧芬

    E. 可待因

二、配伍选择题（共60题，每题1分。题目分为若干组。每组题目对应同一组备选项，备选项可重复选用，也可不选用，每题只有1个备选项最符合题意）

[41—43]

    A. 克林霉素   B. 四环素

    C. 万古霉素   D. 碳青霉烯类

    E. 头孢菌素类

41. 口服后吸收完全，约可达90%或以上的抗菌药物为

42. 口服后影响其吸收，一般在70%以下的抗菌药物为

43. 口服后吸收很少，仅为0.5%~3%的抗菌药物为

[44-45]

 A. 氨苯蝶啶 B. 螺内酯

 C. 呋塞米 D. 氢氯噻嗪

 E. 甘露醇

44. 可加速毒物排泄的药物是

45. 作为基础降压药治疗高血压的药物是

[46-47]

 A. 复方氨基酸注射液（9AA）

 B. 复方氨基酸注射液（6AA）

 C. 赖氨酸注射液

 D. 复方氨基酸注射液（15AA）

 E. 丙氨酰谷氨酰胺注射液

46. 患者，男，50岁。慢性肾脏病肾衰竭期，该患者肠外营养需要的氨基酸制剂为

47. 患者，男，24岁。车祸后昏迷，经辅助检查后诊断为"闭合性颅脑损伤"，则该患者肠外营养宜选用的氨基酸制剂为

[48-50]

 A. 0.25μg B. 300~1200mg

 C. 10mg D. 60mg

 E. 20μg

48. 特立帕肽注射部位为大腿或腹部，推荐一日皮下注射剂量为

49. 骨化三醇用于绝经后骨质疏松症，推荐成人剂量为

50. 雷洛昔芬不受进餐的限制，一日口服剂量为

[51-52]

 A. 阿德福韦酯

 B. 依非韦伦

 C. 聚乙二醇干扰素 α2a

 D. 磷酸奥司他韦

 E. 利巴韦林

51. 通过竞争性抑制脱氧核糖核酸（DNA）聚合酶，阻止HBV-DNA复制的抗病毒药是

52. 具有增强清除病毒的免疫功能和直接抑制病毒的作用，治疗慢性乙型肝炎的药物是

[53-55]

 A. 氨曲南 B. 庆大霉素

 C. 氨苄西林舒巴坦 D. 头孢西丁

 E. 拉氧头孢

53. 可用于青霉素和头孢菌素类过敏者的是

54. 长期应用可引起肠道菌群失调的是

55. 与阿司匹林合用会增加出血风险的是

[56-58]

 A. 维生素A B. 维生素B₆

 C. 维生素C D. 维生素D

 E. 维生素E

56. 患者，女，28岁。在光线昏暗环境下或夜晚视物不清或完全看不见东西、行动困难，考虑为"夜盲症"，宜选用

57. 患儿，女，16个月。近来发育迟缓、烦躁。辅助检查后诊断为"坏血病"，宜选用

58. 患者，女，27岁。孕3周，出现呕吐，宜选用

[59-61]

 A. 伏格列波糖 B. 格列齐特

 C. 二甲双胍 D. 吡格列酮

 E. 艾塞那肽

59. 缓解糖尿病患者餐后高血糖，可使血糖高峰与低谷间距缩短的药物是

60. 通过刺激胰岛β细胞分泌胰岛素，增加体内的胰岛素水平而降低血糖的是

61. 通过增加骨骼肌、肝脏、脂肪组织对胰岛素的敏感性，提高细胞对葡萄糖的利用而发挥低血糖疗效的是

[62—63]

    A. 达格列净   B. 那格列奈

    C. 格列本脲   D. 二甲双胍

    E. 阿卡波糖

62. 降低血糖和糖化血红蛋白的能力受滤过的葡萄糖负荷和这类药物引起的渗透性利尿限制的药物是

63. 降糖作用快进快出，吸收快、起效快，作用时间短，有效地模拟生理性胰岛素分泌的药物是

[64—66]

    A. 氨基糖苷类   B. 大环内酯类

    C. 四环素类   D. 青霉素类

    E. 头霉素类

64. 与华法林合用可增强其抗凝作用的是

65. 与 β - 内酰胺类混合时可致两者相互灭活的是

66. 与呋塞米合用时，可加重肾功能损害的是

[67—68]

    A. 依托泊苷   B. 氟他胺

    C. 丝裂霉素   D. 厄洛替尼

    E. 西妥昔单抗

67. 属于酪氨酸激酶抑制剂的药物是

68. 属于单克隆抗体的药物是

[69—71]

    A. 肝毒性增加

    B. 严重神经毒性

    C. 高血压危象

    D. 药物疗效增加

    E. 明显肾功能损害

69. 卡马西平与对乙酰氨基酚合用，会引起

70. 卡马西平与锂盐合用，会引起

71. 卡马西平与单胺氧化酶抑制剂合用，会引起

[72—73]

    A. 预防心肌梗死后血栓栓塞并发症

    B. 急性缺血性脑卒中

    C. 中度或重度肾功能不全患者

    D. 预防成人非瓣性房颤患者的脑卒中和全身性栓塞

    E. 预防动脉粥样硬化血栓形成事件

72. 华法林钠的适应证为

73. 达比加群酯的适应证为

[74—75]

    A. 维 A 酸   B. 二硫化硒

    C. 阿达帕林   D. 过氧苯甲酰

    E. 维胺酯

74. 炎症痤疮首选外用抗菌药是

75. 调节表皮细胞有丝分裂和表皮细胞更新的是

[76—78]

    A. 大环内酯类   B. 硝基呋喃类

    C. 喹诺酮类   D. 四环素类

    E. 磺胺类

76. 与碳酸氢钠合用时，可使其吸收减少，活性减低的是

77. 与碱性药物、H_2 受体拮抗剂合用可使该药物吸收减少的是

78. 与钙剂、镁剂或铁剂合用时至少要间隔2h的药物是

[79—81]

    A. 可抑制运动功能亢进肌群的运动

    B. 与毒蕈碱受体亲和力强

    C. 对血-脑屏障的渗透力差

    D. 易引起锥体外系反应

    E. 选择性作用于上消化道的5-HT_4受体

79. 莫沙必利的作用特点是

80. 多潘立酮的作用特点是

81. 甲氧氯普胺的作用特点是

[82-84]

　　A. 依折麦布　　　　B. 普芦卡必利

　　C. 匹维溴铵　　　　D. 多潘立酮

　　E. 昂丹司琼

82. 禁用于妊娠期妇女，属于 5-HT₃ 受体拮抗剂药物的是

83. 会导致血清泌乳素水平升高、溢乳、男子乳房女性化、女性月经不调的药物是

84. 用于治疗成年女性患者中通过轻泻剂难以充分缓解的慢性便秘症状的药物是

[85-86]

　　A. C_{max}/MIC 或 $AUC_{0\sim24}$/MIC

　　B. C_{min}/MIC

　　C. %T>MIC

　　D. AUC_0/MRT

　　E. AUMC/MIC

85. 评估浓度依赖性抗菌药物的 PK/PD 指数是

86. 评估时间依赖性抗菌药物的 PK/PD 指数是

[87-89]

　　A. 甲硝唑

　　B. 四环素

　　C. 苯唑西林

　　D. 喹诺酮类

　　E. 氨苄西林

87. 抑制 DNA 回旋酶和拓扑异构酶Ⅳ的抗菌药是

88. 可用于治疗厌氧菌感染和阴道滴虫病的药物是

89. 对耐药金葡菌感染有效的 β-内酰胺类抗生素是

[90-91]

　　A. 左旋多巴　　　　B. 恩他卡朋

　　C. 苯海索　　　　　D. 司来吉兰

　　E. 帕利哌酮

90. 本身并无药理活性，可通过血-脑脊液屏障，在脑内经多巴脱羧酶脱羧形成多巴胺后发挥药理作用的药物是

91. 可以阻滞神经中枢（纹状体）胆碱受体的药物是

[92-94]

　　A. 色甘酸钠　　　　B. 曲尼司特

　　C. 噻托溴铵　　　　D. 氯雷他定

　　E. 氨茶碱

92. 具有稳定肺组织肥大细胞膜，抑制过敏介质释放作用的药物是

93. 具有直接拮抗组胺和白三烯的支气管平滑肌收缩作用的药物是

94. 具有抑制组胺诱导的气道高反应性，还兼有稳定肺组织肥大细胞膜作用的药物是

[95-97]

　　A. 降低动作电位 0 相上升速率

　　B. 降低动作电位 0 相下降速率

　　C. 具有缩短复极时间和提高心室颤动阈值的作用

　　D. 降低动作电位 0 相上升速率和幅度

　　E. 异位节律点的自律性上升

95. Ⅰa 类适度阻滞钠通道

96. Ⅰb 类轻度阻滞钠通道

97. Ⅰc 类明显阻滞钠通道

[98-100]

　　A. 阿卡波糖

　　B. 盐酸二甲双胍类

　　C. 噻唑烷二酮类

　　D. 瑞格列奈

　　E. 达格列净

98. 主要食物成分为碳水化合物、餐后血糖升高的患者可以用

99. 作用于肠道，提高胰高血糖素样肽-1（GLP-1）水平的药物是

100. 餐前即刻整片吞服的降糖药是

三、综合分析选择题（共10题，每题1分 题目分为若干组，每组题基于同一个临床情景、病例、实例或者案例的背景信息逐题展开，每题的备选项中，只有一个最符合题意）

[101-102]

羟甲基戊二酰辅酶A还原酶抑制剂简称为他汀类药，其与羟甲基戊二酰辅酶A的结构相似，且对羟甲基戊二酰辅酶A还原酶（HMG-CoA还原酶）的亲和力更大，对该酶产生竞争性的抑制作用，结果使血总胆固醇（TC）、低密度脂蛋白（LDL）和载脂蛋白（Apo）B水平降低，对动脉粥样硬化和冠心病的防治产生作用。

101. 须在肝脏中水解为开环羟基酸型才具有药理活性的他汀类药物是

A. 阿托伐他汀　　B. 瑞舒伐他汀

C. 普伐他汀　　　D. 辛伐他汀

E. 氟伐他汀

102. 他汀类治疗原发性胆固醇血症的剂量为

A. 20mg瑞舒伐他汀，每日1次

B. 40mg洛伐他汀，每日1次

C. 40mg氟伐他汀，每日1次

D. 10mg阿托伐他汀钙，每日1次

E. 80mg普伐他汀，每日1次

[103-104]

患者，女，30岁。初孕妇，孕33周，近1周自觉头晕、乏力、心悸及食欲减退。查体：面色苍白，心率100次/分，血红蛋白85g/L，血细胞比容0.25，胎心及骨盆测量均正常，该患者诊断为缺铁性贫血。

103. 该患者首选哪种方式缓解症状

A. 使用雄激素

B. 少量输血

C. 口服铁剂

D. 先观察，不必治疗

E. 补充叶酸、维生素B₁₂

104. 该药物引起的不良反应为

A. 胃肠道反应

B. 过敏反应

C. 神经系统症状

D. 发热反应

E. 呼吸困难

[105-106]

患者，女，63岁。患有高血压6年，平素血压160/90mmHg，无明显原因突感单侧肢体麻木，口角歪斜。诊断为中度脑卒中。

105. 遵医嘱给予丁苯酞治疗，其作用机制不包括

A. 恢复缺血区软脑膜微动脉管径

B. 保护线粒体功能，抑制神经细胞凋亡

C. 加强脑细胞的能量代谢

D. 改善脑细胞能量平衡

E. 抗脑血栓形成

106. 丁苯酞的不良反应包括

A. 恶心、腹部不适

B. 出血性膀胱炎

C. 面部潮红

D. 便秘

E. 呼吸深度抑制

[107-108]

患者，女，65岁。诊断为支气管哮喘

急性发作，使用布地奈德、沙丁胺醇吸入及氨茶碱静脉滴注治疗。

107. 经上述治疗后患者出现烦躁、乱语，应立即进行检查的项目是
    A. 血常规   B. 茶碱血药浓度
    C. 胸部CT   D. 腹部B超
    E. 头颅CT

108. 合用会使患者茶碱血药浓度降低的药物是
    A. 苯巴比妥   B. 西咪替丁
    C. 克拉霉素   D. 罗红霉素
    E. 氧氟沙星

[109–110]

患者，女，33岁。患四肢掌指（趾）关节炎20年，已有畸形。查血类风湿因子（+），诊断为类风湿关节炎。

109. 关于解热、镇痛、抗炎药的作用特点，错误的是
    A. 抗风湿作用
    B. 抑制血小板聚集作用
    C. 解热作用
    D. 抗炎作用
    E. 无预防肿瘤作用

110. 以下哪项不属于布洛芬的常见不良反应
    A. 消化性溃疡复发
    B. 颈强直
    C. 恶心、胃痛
    D. 头晕、耳鸣
    E. 失眠

四、多项选择题（共10题，每题1分，每题得备选项中，有2个或2个以上符合题意，错选、少选均不得分）

111. 醋酸去氨加压素的适应证包括
    A. 5岁以上患者的夜间遗尿症
    B. 活动性风湿病
    C. 儿童生长缓慢
    D. 严重急性食管静脉曲张出血
    E. 中枢性尿崩症

112. 血管紧张素Ⅱ受体拮抗剂主要药理作用有
    A. 预防心房颤动 B. 肝脏保护作用
    C. 治疗冠心病   D. 降低血压作用
    E. 抗心力衰竭

113. 下列关于羧甲司坦的药理作用说法正确的有
    A. 降低痰液的黏度
    B. 抑制支气管杯状细胞的增生
    C. 修复黏膜
    D. 降低抗菌药物在黏膜的渗透
    E. 加速血浆的渗出

114. 核苷（酸）类抗肝炎病毒药物的不良反应包括
    A. 肌酸激酶升高
    B. 乳酸性酸中毒
    C. 肾小管功能障碍
    D. 软骨病
    E. 低磷血症

115. 下列属于乙酰半胱氨酸临床作用的有
    A. 可溶解脓性痰
    B. 口服生物利用度高
    C. 雾化吸入祛痰效果显著优于氨溴索
    D. 大量黏痰阻塞而引起的呼吸困难
    E. 对乙酰氨基酚中毒解救

116. 下列不应使用和需要停用奥利司他的情况有
    A. 肥胖孕妇，孕期体重增长过快
    B. 患有甲状腺功能减退症的肥胖患者
    C. 因肥胖使用奥利司他减重者，服用2天出现脂肪泻

D. BMI 20.4kg/m² 的舞蹈演员，有控制体重的需求

E. 患有胆汁淤积性肝炎的肥胖患者

C. 限制钠盐摄入

D. 改口服为静脉持续滴注

E. 加用醛固酮拮抗剂

117. 抗菌作用机制属于抑制蛋白质合成的抗菌药物有

A. 青霉素类　　　B. 大环内酯类

C. 四环素类　　　D. 氯霉素

E. 氨基糖苷类

118. 使用祥利尿药时应注意减少利尿药抵抗，可采取的措施有

A. 改变祥利尿剂的用量用法

B. 与噻嗪类利尿剂短期联合使用

119. Ic 类明显阻滞钠通道的代表性药物有

A. 氟卡尼　　　　B. 奎尼丁

C. 美西律　　　　D. 普罗帕酮

E. 利多卡因

120. 青霉素鞘内注射超过2万U可引起的反应包括

A. 肌肉阵挛　　　B. 呼吸急促

C. 抽搐　　　　　D. 昏迷

E. 心率增快

2024 国家执业药师职业资格考试

全真模拟试卷

药学专业知识（二）

模拟试卷（四）

吴春虎　主编

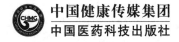

中国健康传媒集团

中国医药科技出版社

模拟试卷（四）

一、最佳选择题（共40题，每题1分，每题的备选项中，只有一个最符合题意）

1. 关于镇咳药的叙述，错误的是
   - A. 中枢性镇咳药通常具有较强的镇痛、镇静作用
   - B. 苯丙哌林为麻醉性镇咳药
   - C. 可待因为吗啡前药，15%经CYP2D6代谢
   - D. 中枢性镇咳药用药期间不得驾驶车、船，从事高空作业等
   - E. 使用单胺氧化酶抑制剂与镇咳药应间隔2周

2. 可抑制合成嘧啶的二氢乳清酸脱氢酶，可用于成人类风湿关节炎，亦可用于狼疮性肾炎的药物是
   - A. 青霉胺
   - B. 雷公藤总苷
   - C. 环孢素
   - D. 来氟米特
   - E. 柳氮磺吡啶

3. 关于丙硫氧嘧啶描述错误的是
   - A. 为常用的抗甲状腺药
   - B. 可引起中性粒细胞胞浆抗体相关性血管炎，发病机制是中性粒细胞聚集，诱导中性粒细胞胞浆抗体
   - C. 可用于甲状腺危象的治疗
   - D. 不可用于术前准备
   - E. 可用于放射性碘治疗时的辅助治疗

4. 患儿，男，4岁。近日感冒，见咳嗽、咯痰。下列属于黏痰溶解剂的是
   - A. 碘化钾
   - B. 溴己新
   - C. 羧甲司坦
   - D. 茶碱
   - E. 愈创甘油醚

5. 具有阿片样作用，长期大量服用可产生欣快感，并可能出现药物依赖性的止泻药是
   - A. 地芬诺酯
   - B. 硫酸镁
   - C. 蒙脱石散
   - D. 乳果糖
   - E. 西沙必利

6. 患者，男，53岁。因高血压长期服用普萘洛尔，现需要撤药，一般需要的时间为
   - A. 7天
   - B. 10天
   - C. 14天
   - D. 30天
   - E. 60天

7. 应用林可霉素类药物获得满意杀菌效果，%T>MIC应达到
   - A. 20%以上
   - B. 30%以上
   - C. 40%以上
   - D. 50%以上
   - E. 60%以上

8. 吡喹酮对虫体的主要药理作用不包括
   - A. 使虫体肌肉发生强直性收缩而产生痉挛性麻痹
   - B. 使虫体皮层损害与影响宿主免疫功能
   - C. 使虫体表膜去极化，皮层碱性磷酸酶活性明显降低，致使葡萄糖的摄取受抑制，内源性糖原耗竭
   - D. 可抑制虫体核酸与蛋白质的合成
   - E. 能抑制虫体的叶酸代谢

9. 西妥昔单抗的典型不良反应是
   - A. 粉刺样皮疹
   - B. 血压升高
   - C. 骨髓抑制
   - D. 心肌损伤
   - E. 麻痹性肠梗阻

10. 与顺铂联合应用，可增强抗肿瘤疗效的单克隆抗体是
    A. 曲妥珠单抗   B. 利妥昔单抗
    C. 贝伐珠单抗   D. 西妥昔单抗
    E. 英夫利西单抗

11. 广谱驱虫药甲苯咪唑和阿苯达唑是治疗蛔虫病、蛲虫病、钩虫病和鞭虫病的首选药，以下药物中不宜与甲苯咪唑联合使用的为
    A. 西咪替丁   B. 甲硝唑
    C. 地塞米松   D. 四氯乙烯
    E. 利托那韦

12. 患者，男，39岁。诊断为"疥疮"，下述药物中不可用于治疗疥疮的是
    A. 过氧苯甲酰   B. 硫黄软膏
    C. 苯甲酸苄酯   D. 林旦乳膏
    E. 克罗米通乳膏

13. 患者，女，20岁。手腕出现皮疹，诊断为"扁平苔藓"，遵医嘱使用强效外用糖皮质激素。可选择的药物是
    A. 醋酸氢化可的松
    B. 醋酸地塞米松
    C. 丁酸氢化可的松
    D. 糠酸莫米松
    E. 醋酸曲安奈德

14. 可用于大手术、外伤或脓毒血症引起的严重肾衰竭及急慢性肾衰竭的氨基酸是
    A. 复方氨基酸注射液（3AA）
    B. 复方氨基酸注射液（9AA）
    C. 复方氨基酸注射液（18AA-Ⅰ）
    D. 精氨酸注射液
    E. 谷氨酸钠注射液

15. 可引起出血性膀胱炎的抗肿瘤药物是
    A. 多柔比星   B. 氟尿嘧啶

    C. 甲氨蝶呤   D. 环磷酰胺
    E. 白消安

16. 具有亲脂性，易迅速进入细胞并维持较高浓度，心脏毒性低，可口服的抗肿瘤药为
    A. 柔红霉素   B. 多柔比星
    C. 表柔比星   D. 阿克拉阿霉素
    E. 吡柔多星

17. 吉非替尼属于
    A. 破坏DNA的烷化剂
    B. 拓扑异构酶抑制剂
    C. 抗代谢药
    D. 干扰有丝分裂药
    E. 酪氨酸激酶抑制剂

18. 只对癌细胞起作用而对正常体细胞几乎没有伤害的抗肿瘤药是
    A. 氟他胺   B. 顺铂
    C. 多柔比星   D. 阿那曲唑
    E. 利妥昔单抗

19. 关于糖皮质激素的治疗原则，下列叙述错误的是
    A. 吸入替代口服给药后常规漱口
    B. 能小剂量使用，不选择大剂量
    C. 局部使用，不全身应用
    D. 长期使用
    E. 注意面、颈、腋窝等皮肤表面

20. 青霉素的血浆清除半衰期是
    A. 20分钟   B. 25分钟
    C. 30分钟   D. 35分钟
    E. 40分钟

21. 在肾功能正常的情况下，青霉素给药方法一般为每隔几小时给药1次
    A. 3   B. 4
    C. 5   D. 6
    E. 7

22. 可抑制角鲨烯环氧化酶的活性，属于丙烯胺类抗真菌药的是
    A. 制霉菌素　　　　B. 联苯苄唑
    C. 特比萘芬　　　　D. 阿莫罗芬
    E. 环吡酮胺

23. 患者，女，40岁。1年前，诊断为"甲亢"，最近出现复发且不适于放射性碘治疗，宜选用
    A. 甲状腺片
    B. 卡比马唑
    C. 普萘洛尔
    D. 丙硫氧嘧啶+大剂量碘剂
    E. 丙硫氧嘧啶

24. 单纯饮食控制及体育锻炼无效的2型糖尿病肥胖患者首选的降糖药是
    A. 瑞格列奈　　　　B. 格列美脲
    C. 二甲双胍　　　　D. 普萘洛尔
    E. 格列喹酮

25. 患者，女，30岁。头晕、乏力5天，诊断为"缺铁性贫血"，遵医嘱口服铁剂后效果不满意后改用右旋糖酐铁注射液，其给药方法不包含
    A. 缓慢静脉滴注　　B. 静脉注射
    C. 皮下注射　　　　D. 肌内注射
    E. 一次性滴注给药

26. 患者，男，62岁。肾功能正常，既往有动脉粥样硬化，高血压合并2型糖尿病。服用某药物后出现踝关节肿胀，到药房询问，药师提示有可能引起不良反应的药物是
    A. 赖诺普利片
    B. 格列吡嗪肠溶片
    C. 阿司匹林肠溶片
    D. 硝苯地平缓释片
    E. 阿托伐他汀钙片

27. 患者，男，35岁。"强心苷中毒"，心电图检查诊断为窦性心动过缓，此时宜用
    A. 阿托品　　　　　B. 洋地黄毒苷
    C. 氯化钾　　　　　D. 氢氯噻嗪
    E. 苯妥英钠

28. 患者，男，40岁。诊断为室上性心律失常，长期用药可引起狼疮样反应的药物是
    A. 利多卡因　　　　B. 胺碘酮
    C. 维拉帕米　　　　D. 美托洛尔
    E. 普鲁卡因胺

29. 关于解痉药的用药监护，下列说法有误的是
    A. 莨菪生物碱类药品易诱发未经诊断的青光眼
    B. 妊娠期妇女静脉注射阿托品可使胎儿心动过缓
    C. 急腹症尚未明确诊断时，不宜使用莨菪生物碱类药
    D. 老年人夏季用药时可使体温升高
    E. 静脉滴注过程中出现排尿困难，可肌内注射新斯的明或氢溴酸加兰他敏解除

30. 患者，女，20岁。因食欲不振、恶心、呕吐等诊断为功能性胃肠病，宜选用
    A. 曲美布汀　　　　B. 多潘立酮
    C. 伏诺拉生　　　　D. 莫沙必利
    E. 甲氧氯普胺

31. 严禁使用0.9%氯化钠、5%葡萄糖氯化钠注射液等电解质溶液稀释的药物是
    A. 多烯磷脂酰胆碱
    B. 还原型谷胱甘肽
    C. 复方甘草酸苷
    D. 葡醛内酯

E. 熊去氧胆酸

32. 通过降低胃壁细胞的胃酸分泌，增强黏膜的防御机制，能增加碳酸氢盐和黏液分泌的抑酸药是

A. 米索前列醇

B. 泮托拉唑

C. 伏诺拉生

D. 莫沙必利

E. 法莫替丁

33. 关于平喘药，下列说法正确的是

A. 氨茶碱可与青霉素合用

B. 异丙托溴铵口服可提高疗效

C. 长效β₂受体激动剂不适合初始用于快速恶化的急性哮喘发作

D. 沙美特罗适用于缓解支气管痉挛的急性症状

E. 班布特罗不适用于夜间哮喘患者的预防和治疗

34. 关于喷托维林与可待因镇咳作用强度比较，正确的是

A. 喷托维林镇咳作用强度约为可待因的1/2

B. 可待因镇咳作用强度约为喷托维林的1/2

C. 喷托维林镇咳作用强度约为可待因的1/3

D. 可待因镇咳作用强度约为喷托维林的1/3

E. 喷托维林镇咳作用强度约为可待因的1/4

35. 患者，男，25岁。诊断为"哮喘"，在使用吸入性糖皮质激素用药后，为减少口腔真菌继发感染，应

A. 漱口

B. 合用抗真菌药物

C. 使用祛痰药

D. 预先使用β₂受体激动剂

E. 加服钙剂和维生素D

36. 不属于卡马西平典型不良反应的是

A. 视物模糊、复视

B. Stevens-Johnson综合征

C. 智力发育迟缓

D. 红斑狼疮样综合征

E. 稀释性低钠血症

37. 患者，女，22岁。发热、头痛3天，经实验室检查诊断为"普通感冒"，宜选用的药物是

A. 对乙酰氨基酚

B. 右美沙芬片

C. 氯苯那敏片

D. 茶碱缓释片

E. 氟替卡松干粉吸入剂

38. 不属于尼美舒利适应证的是

A. 慢性关节炎症

B. 手术和急性创伤后疼痛

C. 痛经

D. 痛风

E. 上呼吸道感染引起的发热

39. 下列关于苯二氮䓬类镇静催眠药的叙述，不正确的是

A. 老年患者对苯二氮䓬类药物不敏感，可安全使用

B. 服用药物后应避免驾车、操纵机器和高空作业

C. 服药期间不宜饮酒

D. 长期应用会产生依赖性和成瘾性，避免长期使用同一种药

E. 老年患者用药后晨起时应小心，避免跌倒

40. 继发性肾上腺皮质功能不全应选择的

治疗方案是

　　A. 早期、大剂量、短期应用糖皮质激素

　　B. 糖皮质激素补充并应给予促肾上腺
　　　 皮质激素

　　C. 抗结核药与糖皮质激素联合

　　D. 抗菌药物与糖皮质激素联合

　　E. 糖皮质激素与肾上腺素联合

二、配伍选择题（共60题，每题1分。题目分为若干组。每组题目对应同一组备选项，备选项可重复选用，也可不选用，每题只有1个备选项最符合题意）

[41-43]

　　A. 维生素A

　　B. 维生素B₂

　　C. 维生素B₁

　　D. 维生素C

　　E. 维生素D

41. 与甲状腺素、促胃肠动力药甲氧氯普胺合用，可减少维生素吸收的是

42. 大剂量时可干扰凝血药抗凝效果的是

43. 与抗酸药碳酸氢钠、枸橼酸钠等合用，可使维生素发生变质和破坏的是

[44-46]

　　A. 醋酸去氨加压素

　　B. 重组人生长激素

　　C. 生长抑素

　　D. 促皮质素

　　E. 生长激素

44. 脑肿瘤引起的垂体性侏儒症患者，心脏或肾脏病患者慎用

45. 心力衰竭患者慎用

46. 四环素过敏史者禁用

[47-49]

　　A. 异烟肼　　　　　B. 利福平

　　C. 利奈唑胺　　　　D. 克林霉素

　　E. 头孢唑林

47. 与庆大霉素或阿米卡星联合应用，在体外能增强抗菌作用的药物是

48. 可用于万古霉素耐药的屎肠球菌感染的药物是

49. 又名"雷米封"，对各型结核分枝杆菌有高度选择性抗菌作用的药物是

[50-51]

　　A. 硫普罗宁

　　B. 熊去氧胆酸

　　C. 双环醇

　　D. 异甘草酸镁

　　E. 多烯磷脂酰胆碱

50. 属于降酶药，降低血清丙氨酸氨基转移酶（ALT）作用肯定的药物是

51. 可提供巯基，具有解毒、抗组胺、清除自由基和保护肝细胞作用的药物是

[52-54]

　　A. 红霉素　　　　　B. 氯霉素

　　C. 多西环素　　　　D. 链霉素

　　E. 左氧氟沙星

52. 作用机制为抑制细菌蛋白质的合成，早产儿或新生儿大剂量应用可引起灰婴综合征的药物是

53. 可引起腱鞘炎、跟腱炎、肌腱断裂、心电图Q-T间期延长的药物是

54. 作用机制为抑制细菌蛋白质的合成，为军团菌病、支原体肺炎、空肠弯曲菌肠炎首选的药物是

[55-56]

　　A. 丙戊酸钠　　　　B. 佐匹克隆

　　C. 利斯的明　　　　D. 布桂嗪

　　E. 帕罗西汀

55. 具有肝脏毒性的抗癫痫药物是

56. 老年痴呆宜选用的药物是

[57~59]

    A. 磷霉素氨丁三醇

    B. 利奈唑胺+哌替啶

    C. 利奈唑胺+苯丙醇胺

    D. 磷霉素钠+万古霉素

    E. 磷霉素钠+β-内酰胺类

57. 单纯性下尿路感染可选择的药物是

58. 联合应用可使部分患者血压升高的药物是

59. 可用于金黄色葡萄球菌等革兰阳性菌所致严重感染的是

[60~61]

    A. 特拉唑嗪　　　B. 坦索罗辛

    C. 奥昔布宁　　　D. 度他雄胺

    E. 非那雄胺

60. 停药6个月后方可献血的药物是

61. 孕妇服用可能导致男性胎儿畸形的药物是

[62~63]

    A. 伏立康唑

    B. 氟康唑

    C. 卡泊芬净

    D. 伊曲康唑

    E. 两性霉素B去氧胆酸盐

62. 不能用于隐球菌感染的抗真菌药是

63. 因可产生沉淀，不可用0.9%氯化钠注射液稀释的是

[64~65]

    A. 丙硫氧嘧啶　　B. 左甲状腺素

    C. 甲巯咪唑　　　D. 地塞米松

    E. 甲泼尼龙

    药物的不良反应

64. 患者，男，30岁。近期出现乏力、心动过速，考虑为"甲亢"，遵医嘱服用药物后出现头痛、眩晕、关节痛、剥脱性皮炎的是

65. 患者，女，30岁。近期出现乏力、心动过速，考虑为"甲亢"，遵医嘱服用药物后出现皮疹或皮肤瘙痒及白细胞减少的是

[66~67]

    A. 阿仑膦酸钠　　B. 雷洛昔芬

    C. 降钙素　　　　D. 骨化三醇

    E. 阿法骨化醇

66. 仅用于绝经后妇女，不适用于男性患者的抗骨质疏松药物是

67. 有明显的镇痛作用，可用于肿瘤骨转移所致的高钙血症和痛性骨质疏松症治疗的药物是

[68~69]

    A. 噻氯匹定

    B. 普萘洛尔

    C. 硝酸甘油

    D. 阿替普酶

    E. 替格瑞洛

68. 需要迅速抗血小板作用时，不宜选择的药物是

69. 能降低心血管事件发生和死亡的抗血小板药是

[70~71]

    A. 脂肪乳

    B. 二磷酸果糖

    C. 维生素

    D. 葡萄糖

    E. 氨基酸

70. 维持人体正常代谢所必需，大部分需从食物中摄取的物质是

71. 可以改善心肌缺血的物质是

[72~74]

    A. 肝素和低分子肝素

    B. 蛇毒血凝酶

C. 叶酸和维生素B_{12}

D. 重组人粒细胞巨噬细胞刺激因子

E. 尿激酶

72. 属于抗贫血药的是

73. 属于抗出血药的是

74. 属于抗白细胞药的是

[75－77]

A. 酚磺乙胺

B. 氯吡格雷

C. 阿司匹林

D. 肝素

E. 卡托普利

75. 对凝血的各环节均有作用，可作为对抗血栓的首选药是

76. 属于血栓素A_2抑制剂的药物是

77. 属于二磷酸腺苷P2Y12受体拮抗剂的是

[78－79]

A. 孟鲁司特

B. 扎鲁司特

C. 曲尼司特

D. 依拉司特

E. 普仑司特

78. 属于白三烯受体拮抗剂，生物利用度为100%，蛋白结合率为99%的药物是

79. 仅用于运动哮喘的白三烯受体拮抗剂是

[80－81]

A. 美西律

B. 地尔硫䓬

C. 维拉帕米

D. 环丙沙星

E. 普罗帕酮

80. 可用于治疗Q-T间期延长的室性心律失常的药物是

81. 副作用为使室内传导障碍加重，QRS波增宽的抗心律失常药是

[82－83]

A. 增加心率　　B. 肌肉震颤

C. 脂肪分解　　D. 支气管扩张

E. 肝糖原分解

82. β_1受体激动后的影响是

83. β_3受体激动后的影响是

[84－85]

A. 普萘洛尔

B. 卡托普利

C. 氢氯噻嗪

D. 硝苯地平

E. 哌唑嗪

84. 对缺血心肌具有保护作用的ACEI降压药是

85. 对肾脏具有保护作用的CCB类降压药是

[86－88]

A. 阿托伐他汀

B. 非诺贝特

C. 阿昔莫司

D. 依折麦布

E. 烟酸

86. 上述药物中，属于羟甲基戊二酰辅酶A还原酶抑制剂的是

87. 上述药物中，属于胆固醇吸收抑制剂的是

88. 上述药物中，属于贝丁酸类调节血脂药的是

[89－91]

A. 雷尼替丁

B. 泮托拉唑

C. 东莨菪碱

D. 昂丹司琼

E. 米索前列醇

89. 患者，男，45岁。近来饭后出现上腹疼痛，胃镜检查后诊断为幽门螺杆菌

感染所致的"胃溃疡"，与抗生素合用根除幽门螺杆菌治疗的是

90. 患者，男，41岁。有吸烟史，间断少量饮酒。因"嗳气、反酸、上腹部疼痛"就诊。经查，医师诊断为"反流性食管炎"。此时应给予治疗的药物是

91. 患者，女，31岁。停经40天，妊娠试验阳性。欲终止妊娠，可与米非司酮序贯合并使用的药物是

[92-93]
  A. 来氟米特
  B. 柳氮磺吡啶
  C. 金制剂
  D. 双醋瑞因
  E. 甲氨蝶呤

92. 抑制细胞内二氢叶酸还原酶的抗风湿药是

93. 在肠微生物作用下分解成5-氨基水杨酸和磺胺吡啶而发挥抗炎、抗风湿作用的药物是

[94-96]
  A. 氯氮平
  B. 阿立哌唑
  C. 碳酸锂
  D. 利培酮
  E. 恩卡他朋

94. 主要治疗躁狂症，对躁狂和抑郁交替发作的双相情感性精神障碍有很好的治疗和预防的药物是

95. 主要治疗双相情感障碍躁狂发作，宜选用的药物是

96. 适用于治疗精神分裂症、躁狂症的药物是

[97-98]
  A. 左旋多巴
  B. 恩他卡朋

  C. 苯海索
  D. 司来吉兰
  E. 帕利哌酮

97. 可选择性抑制MAO-B，用于帕金森病对症治疗的药物是

98. 能可逆、选择性地抑制儿茶酚-O-甲基转移酶，可延长和稳定左旋多巴对帕金森病治疗作用的药物是

[99-100]
  A. 地塞米松
  B. 奥昔布宁
  C. 克拉霉素
  D. 泼尼松
  E. 地尔硫草

99. 用于恶性疟疾所致的脑水肿选用

100. 防止器官移植排异反应选用

三、综合分析选择题（共10题，每题1分题目分为若干组，每组题基于同一个临床情景、病例、实例或者案例的背景信息逐题展开，每题的备选项中，只有一个最符合题意）

[101-102]
  患者，女，40岁。癫痫病史3年，近来常觉头痛，测量血压为170/110mmHg。

101. 该患者抗高血压治疗时慎用的药物是
  A. 氢氯噻嗪
  B. 硝苯地平
  C. 普萘洛尔
  D. 利血平
  E. 卡托普利

102. 针对该患者头痛的情况，给予该患者钙通道阻滞剂进行治疗，最宜选用
  A. 硝苯地平
  B. 维拉帕米

C. 尼莫地平

D. 氨氯地平

E. 拉西地平

[103-104]

患者，女，75岁。既往有2型糖尿病病史18年，有青霉素过敏史。因车祸导致左下肢开放性骨折，术后发生骨髓炎，给予克林霉素治疗。

103. 克林霉素的抗菌作用机制是

    A. 抑制细菌的DNA合成

    B. 抑制细菌的蛋白质合成

    C. 干扰细菌的细胞壁合成

    D. 干扰细菌的RNA转录

    E. 增加细菌的细胞膜通透性

104. 给予该患者克林霉素治疗10余天，临床应关注的不良反应是

    A. 肌肉震颤

    B. 红人综合征

    C. 抗生素相关性腹泻

    D. 急性溶血性贫血

    E. 血小板减少

[105-106]

患者，女，39岁。烦躁不安、畏热、消瘦2月余。患者于2个月前因工作紧张，烦躁性急，常因小事与人争吵，难以自控。着衣不多，仍感燥热多汗，在外就诊服用安神药物，收效不十分明显。发病以来饭量有所增加，体重却较前下降。睡眠不好，常需服用安眠药。经进一步做实验室检查后，诊断为甲状腺功能亢进症（原发性）。医生建议服用丙硫氧嘧啶。

105. 关于丙硫氧嘧啶对甲状腺激素生成的影响，其机制为

    A. 抑制碘被甲状腺摄取

    B. 抑制甲状腺激素从甲状腺素蛋白中释放

    C. 抑制促甲状腺激素释放激素的释放

    D. 抑制过氧化酶系统，以致不能生成甲状腺激素

    E. 抑制甲状腺激素从甲状腺中释放

106. 丙硫氧嘧啶最严重的不良反应是

    A. 头痛、眩晕

    B. 皮疹、药热等过敏反应

    C. 胃肠道反应

    D. 关节痛

    E. 粒细胞缺乏症

[107-108]

患者，女，74岁。以"间断性腹胀1个月"之主诉入院，患者1个月前无明显诱因出现腹胀，既往有乙肝病史14年。诊断：肝硬化失代偿期；腹水（大量）。医嘱：

治疗用药	用药方法
螺内酯片	20mg，口服，2次/日
注射用还原型谷胱甘肽	1200mg，静脉滴注，1次/日
呋塞米片	20mg，口服，1次/日
注射用胸腺肽	120mg，静脉滴注，1次/日

107. 患者联合使用螺内酯和呋塞米的目的是

    A. 预防低血钠

    B. 预防低血镁

    C. 预防耳毒性

    D. 预防高尿酸血症

    E. 预防低血钾

108. 长期服用螺内酯可导致

    A. 碱中毒

    B. 高血钾

    C. 高血镁

    D. 骨质疏松

    E. 高血钠

[109～110]

患儿，男，10岁。半夜就诊，患者呈急性面容，两颊绯红、皮肤干燥。诊断为由肺炎链球菌引起的社区获得性肺炎。

109. 使用利奈唑胺治疗，用法正确的是
    A. 每隔4h，10mg/kg静脉滴注
    B. 每隔8h，10mg/kg静脉滴注
    C. 口服每隔6h，600mg
    D. 口服每隔10h，400mg
    E. 口服每隔10h，600mg

110. 在利奈唑胺使用过程中，患者发生恶心的原因是
    A. 食用发酵的食品
    B. 药物使用过量
    C. 乳酸性酸中毒
    D. 周围神经病病变
    E. 出现骨髓抑制

四、多项选择题（共10题，每题1分，每题得备选项中，有2个或2个以上符合题意，错选、少选均不得分）

111. 患者，男，58岁。有高血压病史，既往有磺胺过敏，宜选用的药物有
    A. 氢氯噻嗪
    B. 氯沙坦
    C. 普萘洛尔
    D. 卡托普利
    E. 硝苯地平

112. 甲巯咪唑临床应用注意，叙述正确的是
    A. 哺乳期妇女禁用
    B. 妊娠期妇女慎用
    C. 服药期间应避免摄入高碘食物或含碘药物
    D. 服药期间可突然出现口腔黏膜炎症
    E. 该类药物之间存在交叉过敏现象

113. 肾上腺糖皮质激素的药理作用是

A. 免疫抑制作用
B. 抗炎作用
C. 影响血液和造血系统的作用
D. 提高中枢神经系统的兴奋性
E. 抗毒素作用

114. 以下哪些人群应禁忌使用利尿药
    A. 高钾血症
    B. 肾衰竭无尿者
    C. 磺胺药过敏者
    D. 肝昏迷前期患者
    E. 前列腺肥大

115. 下列属于速效强心苷的药物有
    A. 地高辛
    B. 西地兰C
    C. 毒毛花苷K
    D. 洋地黄毒苷
    E. 去乙酰毛花苷

116. 下列属于抗高血压药的有
    A. 钙通道阻滞剂
    B. 血管紧张素Ⅱ受体拮抗剂
    C. 血管紧张素转化酶抑制剂
    D. β受体拮抗剂
    E. 利尿剂

117. 关于非甾体抗炎药作用特点的说法，正确的是
    A. 可产生中等程度的镇痛作用
    B. 有抑制血小板聚集作用
    C. 对关节肌肉疼痛无效果
    D. 只能降低发热患者的体温，对体温正常者无影响
    E. 通过抑制中枢前列腺素的合成发挥解热作用

118. 下列属于克拉霉素适应证的是
    A. 化脓性链球菌引起的咽炎
    B. 肺炎链球菌所致儿童中耳炎
    C. 流感嗜血杆菌所致慢性支气管炎

D. 胞内分枝杆菌感染的预防

E. 流感嗜血杆菌所致急性鼻窦炎

D. 生殖系统感染

E. 神经系统感染

119. 服用质子泵抑制剂会增加特定类型感染的发生风险，使用期间需要关注的感染类型包括

A. 胃肠道感染

B. 骨与关节感染

C. 呼吸系统感染

120. 影响蛋白质合成的抗肿瘤药有

A. 顺铂

B. 阿霉素

C. 长春碱类

D. 紫杉醇

E. L-门冬酰胺酶

2024 国家执业药师职业资格考试

全真模拟试卷

药学专业知识（二）

模拟试卷全解

吴春虎　主编

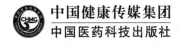

中国健康传媒集团
中国医药科技出版社

内 容 提 要

本书为"国家执业药师职业资格考试全真模拟试卷"之一。由长期从事国家执业药师职业资格考试命题研究的专家、讲师紧紧围绕新版国家执业药师职业资格考试大纲和指南精心编撰而成，共含四套模拟试卷，并在题后附全解析。严格按照考试题量、题型及难易度要求组编试卷，题目考点覆盖面广，出题角度多样，具有很好的针对性；体例与实考试卷相同，答案编排便于查找，解析全面答疑解惑，利于考生身临其境，有效备考。随书附赠配套数字化资源，包括黄金40分课程、历年真题、考生手册、思维导图、考点速报、复习规划、高频考点、考前速记等，使考生复习更加高效、便捷。本书适合备战2024国家执业药师职业资格考试的考生参阅。

图书在版编目（CIP）数据

药学专业知识.二/吴春虎主编.—北京：中国医药科技出版社，2023.12
2024 国家执业药师职业资格考试全真模拟试卷
ISBN 978-7-5214-4261-8

Ⅰ.①药…　Ⅱ.①吴…　Ⅲ.①药物学–资格考试–习题集　Ⅳ.① R9–44

中国国家版本馆 CIP 数据核字（2023）第 208707 号

美术编辑　陈君杞
责任编辑　李红日　董佳敏
版式设计　南博文化

出版　**中国健康传媒集团** | 中国医药科技出版社
地址　北京市海淀区文慧园北路甲 22 号
邮编　100082
电话　发行：010-62227427　邮购：010-62236938
网址　www.cmstp.com
规格　787×1092mm $\frac{1}{16}$
印张　7
字数　127 千字
版次　2023 年 12 月第 1 版
印次　2023 年 12 月第 1 次印刷
印刷　北京紫瑞利印刷有限公司
经销　全国各地新华书店
书号　ISBN 978-7-5214-4261-8
定价　31.00 元

获取新书信息、投稿、为图书纠错，请扫码联系我们。

目　　录

模拟试卷（一）参考答案

题号	1	2	3	4	5	6	7	8	9	10
答案	C	C	A	B	C	B	B	B	D	E
题号	11	12	13	14	15	16	17	18	19	20
答案	E	B	C	D	E	D	E	A	A	B
题号	21	22	23	24	25	26	27	28	29	30
答案	A	C	A	A	B	B	E	A	A	E
题号	31	32	33	34	35	36	37	38	39	40
答案	A	C	E	C	C	A	A	D	A	D
题号	41	42	43	44	45	46	47	48	49	50
答案	B	D	D	A	B	C	B	D	A	C
题号	51	52	53	54	55	56	57	58	59	60
答案	B	C	A	D	E	C	D	E	D	E
题号	61	62	63	64	65	66	67	68	69	70
答案	B	C	B	A	B	B	D	A	D	C
题号	71	72	73	74	75	76	77	78	79	80
答案	A	C	B	A	B	D	D	B	E	C
题号	81	82	83	84	85	86	87	88	89	90
答案	B	A	C	B	A	D	A	C	A	B
题号	91	92	93	94	95	96	97	98	99	100
答案	E	A	D	B	C	B	C	E	D	B
题号	101	102	103	104	105	106	107	108	109	110
答案	B	E	A	C	B	A	D	E	D	C
题号	111	112	113	114	115	116	117	118	119	120
答案	BE	ABD	BD	ABCE	ABCDE	ABD	ABCE	ABC	ACDE	ABCE

模拟试卷（一）全解

一、最佳选择题

1. 解析： 抗抑郁药的应用因人而异。使用抗抑郁药时，应从小剂量开始，逐增剂量，尽可能采用最小有效量，使不良反应减至最少，以提高服药依从性。**若患者的经济条件允许，最好使用每日服用1次、不良反应轻微、起效较快的新型抗抑郁药。** 抗抑郁药起效缓慢，大多数药物起效需要一定的时间，并且需要足够长的疗程，一般4~6周方显效。切忌频繁换药。只有在足量、足疗程使用某种抗抑郁药仍无效时，方可考虑换用同类另一种或作用机制不同的另一类药，对难治性抑郁可联合用药以增加疗效。故本题选C。

2. 解析： 糖皮质激素禁忌有：①**严重精神病或癫痫病史、活动性消化性溃疡病或新近接受胃肠吻合术的患者、骨折患者**、创伤修复期患者、角膜溃疡者、肾上腺皮质功能亢进者、**严重高血压、糖尿病**患者。②妊娠早期妇女。③抗菌药物不能控制的水痘、真菌感染者。④未能控制的结核、细菌和病毒感染者。故本题选C。

3. 解析： **氨基己酸**排泄快，需持续给药才能维持有效浓度，故**一般用静脉滴注法**。故本题选A。

4. 解析： 大多数的NSAIDs具有抗炎作用，但对乙酰氨基酚则几乎没有抗炎作用。故本题选B。

5. 解析： 铝剂可吸附胆盐而减少脂溶性维生素的吸收，特别是维生素A。故本

题选C。

6. 解析： 容积性泻药通过滞留粪便中的水分，增加粪便含水量和粪便体积起到通便作用，常用药物包括欧车前、聚卡波非钙和麦麸等。故本题选B。

7. 解析： 苯妥英钠常见的不良反应包括行为改变、笨拙或步态不稳、思维混乱、共济失调、眼球震颤、肌力减弱、嗜睡、发音不清、手抖、齿龈增生、出血及昏迷。不良反应与血浆药物浓度密切相关，血浆药物浓度超过$20\mu g/ml$时出现眼球震颤，超过$30\mu g/ml$时出现共济失调，超过$40\mu g/ml$会出现严重不良反应，如嗜睡、昏迷。故本题选B。

8. 解析： 雌激素类是一类C18的甾体化合物，**天然雌激素：卵巢、肾上腺皮质和胎盘所产生的雌激素，有雌二醇、雌酮和雌三醇**。其中雌二醇的活性最强，雌三醇最弱。雌激素与卡马西平、苯巴比妥、苯妥英钠、扑米酮、利福平等同时使用，可减低雌激素的效应。故正确答案B。

9. 解析： 外周性镇咳药通过抑制呼吸道黏膜上的牵张感受器而发挥止咳作用。右美沙芬属于中枢性镇咳药，选择性地抑制延髓的咳嗽中枢，抑制支气管腺体的分泌，产生中枢性镇咳作用。**右美沙芬镇咳强度与可待因相等或略强，无镇痛作用，主要用于干咳。** 口服吸收迅速，治疗剂量不抑制呼吸，长期应用未见耐受性和成瘾性。故本题选D。

10.解析：抗菌药物按清除途径分为3类。**主要经过肝脏清除的抗菌药物**：氯霉素、利福平、大环内酯类、**克林霉素**、异烟肼、两性霉素B、四环素类、酮康唑、伊曲康唑、伏立康唑、卡泊芬净、甲硝唑等。**经肝、肾双途径清除的抗菌药物**：美洛西林、哌拉西林、头孢哌酮、头孢曲松、头孢噻肟、氨曲南、环丙沙星、莫西沙星。**主要经肾脏清除的抗菌药物**：氨基糖苷类、糖肽类、头孢唑林、头孢他啶、头孢吡肟、多黏菌素、羧苄西林、左氧氟沙星、亚胺培南、美罗培南、磺胺等。故本题选E。

11.解析：万古霉素血浆蛋白结合率为30%~60%；头孢噻肟血浆蛋白结合率为40%；左氧氟沙星血浆蛋白结合率为50%；乙胺丁醇血浆蛋白结合率为20%~30%；**磷霉素血浆蛋白结合率为0%**。故本题选E。

12.解析：美西律对短动作电位时程**的心房肌无效，因此仅用于室性心律失常**，主要用于室性期前收缩及室性心动过速、心室纤颤及急性心肌梗死或洋地黄所致心律失常，可长期口服。美西律对室性心律失常的疗效虽不太高，但具有负性肌力作用轻微，促心律失常作用发生率低等优点。**室性心律失常患者若伴有左室功能不全，轻度传导系统病变应首选美西律。**对静脉注射利多卡因有效者更为适宜。此外，美西律与奎尼丁、普罗帕酮或胺碘酮合用，可增强疗效。故本题选B。

13.解析：异烟肼预防应用适用于：人类免疫缺陷病毒（HIV）感染者；与新诊断传染性肺结核患者有密切接触的结核菌素阳性幼儿和青少年；未接种卡介苗5岁以下儿童结核菌素试验阳性者；结核菌

素皮试阳性者，如糖尿病患者、硅沉着病患者、长期使用肾上腺糖皮质激素治疗者，接受免疫抑制疗法者。故本题选C。

14.解析：头孢菌素类药的抗菌作用机制与青霉素类药相同，与细菌细胞内膜上主要的青霉素结合蛋白（PBP）结合，使细菌细胞壁合成过程中的交叉连接不能形成，**导致细菌细胞壁合成障碍，细菌溶菌死亡**。故本题选D。

15.解析：四环素类抗菌药物代表药品：**米诺环素、多西环素**。多西环素治疗立克次体病，如流行性斑疹伤寒、地方性斑疹伤寒、落基山斑点热、恙虫病和Q热；支原体属感染；衣原体属感染。多西环素可抑制血浆凝血酶原的活性，所以接受抗凝治疗的患者需要调整抗凝药的剂量。肠道菌群失调较四环素少见；**药物在牙齿、骨骼的沉积较四环素轻**。故本题选E。

16.解析：喹诺酮类除了选择性干扰细菌DNA回旋酶或拓扑异构酶Ⅳ，抑制DNA的合成和复制而导致细菌死亡，干扰细菌DNA复制而杀菌，它还能使细菌菌体肿胀破裂，致细胞重要内容物外漏而杀菌。故本题选D。

17.解析：青霉素适应证：用于治疗草绿色链球菌和肠球菌属所导致的心内膜炎（与氨基糖苷类联合应用）；梭状芽孢杆菌所导致的破伤风、气性坏疽、白喉、流行性脑脊髓膜炎、鼠咬热、梅毒、钩端螺旋体病、奋森（Vincent）咽峡炎、放线菌病等。故本题选E。

18.解析：祥利尿药与两性霉素B合用，更容易发生电解质紊乱、增加肾毒性。祥利尿药包括呋塞米、托拉塞米、布美他尼、**依他尼酸**等。故本题选A。

19．解析：阿米卡星对大部分氨基糖苷类钝化酶稳定，故**尤其适用于治疗革兰阴性杆菌中对庆大霉素或妥布霉素耐药菌株所致感染**。阿米卡星不宜用于单纯性尿路感染初治病例。故本题选A。

20．解析：替奈普酶比阿替普酶具有更好的纤维蛋白特异性，替奈普酶注射30~35mg后的第一个6小时内，**全身纤维蛋白原和纤溶酶原水平仅下降5%~15%，而阿替普酶下降40%~50%**。故本题选B。

21．解析：常用平喘药有肾上腺素能β₂受体激动剂、M胆碱受体拮抗剂、磷酸二酯酶抑制剂、白三烯受体拮抗剂和吸入性糖皮质激素。M胆碱受体拮抗剂可阻断节后迷走神经通路，降低迷走神经兴奋性，产生松弛支气管平滑肌的作用，并减少痰液分泌。目前用作平喘药的有异丙托溴铵和噻托溴铵。故本题选A。

22．解析：噻嗪类利尿药不良反应有：①低钾血症；②升高血糖；③低氯性碱中毒或低氯；④低钾性碱中毒低钠血症；⑤升高血氨；⑥高钙血症；⑦高尿酸血症；⑧血磷、镁及尿钙降低等。痛风患者、低钾血症者、无尿或肾衰竭者禁用噻嗪类利尿药。故本题选C。

23．解析：呋塞米相互作用：①与抗组胺药合用时耳毒性增加，易出现耳鸣、头晕、眩晕。②糖皮质激素、盐皮质激素、促肾上腺皮质激素及雌激素能降低本品的利尿作用，并增加电解质紊乱尤其是低钾血症的发生机会。③与拟交感神经药及抗惊厥药物合用，利尿作用减弱。④与碳酸氢钠合用，发生低氯性碱中毒机会增加。⑤与美托拉宗（利尿药）合用，可引

起严重的电解质紊乱。故本题选A。

24．解析：东莨菪碱属于抗胆碱能药物，**易通过血－脑屏障，可用于抗晕船、晕车**。丁溴东莨菪碱不易透过血－脑屏障，没有中枢抗胆碱作用，不能用于预防晕动病。故本题选A。

25．解析：文拉法辛为抗抑郁药，其余为脑功能改善及抗记忆障碍的药物。故本题选B。

26．解析：药物进入脑组织的快慢取决于药物的脂溶性，**脂溶性高的药物出现中枢抑制作用快，如异戊巴比妥**。故本题选B。

27．解析：**不推荐氯吡格雷与奥美拉唑或艾司奥美拉唑联合使用**。一部分（20%左右）**氯吡格雷被CYP2C19代谢为活性代谢产物**，使用抑制CYP2C19的药物会导致氯吡格雷活性代谢产物转化减少，血小板抑制作用降低。故本题选E。

28．解析：**伏诺拉生主要由非CYP3A4代谢，同时对质子泵的抑制作用无需酸的激活，可以直接作用于质子泵，因此能够快速起效**，且在1小时内就能达到最大效果，可以比较容易地达到最佳抑酸状态。故本题选A。

29．解析：抑酸剂包括H2受体拮抗剂、质子泵抑制剂、钾离子竞争性酸抑制剂、前列腺素类抑酸剂等几个亚类。**H₂受体拮抗剂药物有西咪替丁、雷尼替丁、法莫替丁、尼沙替丁、罗沙替丁和拉呋替丁等**。质子泵抑制剂代表药物有奥美拉唑、兰索拉唑、泮托拉唑等。**钾竞争性酸阻滞剂：伏诺拉生。前列腺素：米索前列醇**。枸橼酸铋钾为胃黏膜保护药。故本题选A。

30．解析： 莫沙必利为选择性 $5-HT_4$ 受体激动剂，通过兴奋胃肠道胆碱能中间神经元及肌间神经丛的 $5-HT_4$ 受体，促进乙酰胆碱的释放，从而增强上消化道（胃和小肠）运动。莫沙必利不影响胃酸分泌。故本题选 E。

31．解析： 泮托拉唑不良反应常见为头痛、腹泻、恶心、腹痛、腹胀、呕吐、头晕、关节痛；静脉注射泮托拉唑可能引起血栓性静脉炎。故本题选 A。

32．解析： 颠茄是莨菪碱类解痉药，属于 M 胆碱受体拮抗剂，会引起抗胆碱能效应，包括口鼻咽喉干燥、便秘、出汗减少、瞳孔散大、视物模糊、眼睑炎、眼压升高、排尿困难、心悸、皮肤潮红、胃肠动力低下、反流性食管炎等。服用颠茄会导致心率加快。故本题选 C。

33．解析： 阿仑膦酸钠是第三代氨基双膦酸盐类骨代谢调节剂，其抗骨吸收作用较依替膦酸二钠强 1000 倍，并且没有骨矿化抑制作用。在骨内半衰期长，约 10 年以上。故本题选 E。

34．解析： 多奈哌齐与利福平、苯妥英钠、卡马西平等肝药酶诱导剂合用，可降低前者的血浆药物浓度；与洋地黄、华法林合用可改变凝血功能，需注意剂量。故本题选 C。

35．解析： 莫匹罗星在高浓度时杀菌，在低浓度时抑菌，主要是可逆性地与异亮氨酸转移 RNA 合成酶结合，阻止异亮氨酸渗入，终止细胞内含异亮氨酸的蛋白质合成而起作用。故本题选 C。

36．解析： 塞来昔布为选择性 COX-2 抑制剂；对乙酰氨基酚、双氯芬酸、布洛芬为非选择性 COX-2 抑制剂；秋水仙碱为抗痛风药。故本题选 A。

37．解析： 抑制尿酸生成药别嘌醇尤其适用于血尿酸和 24 小时尿尿酸过多或有痛风结石、肾结石、泌尿系统结石、不宜应用促进尿酸排出药者，服后一般 24 小时起效，2~4 周下降最为明显。故本题选 A。

38．解析： 布洛芬具有抗炎、镇痛、解热作用，适用于治疗风湿性关节炎、类风湿关节炎、骨关节炎、强直性脊柱炎和神经炎等。不良反应最常见于胃肠系统，其发生率高达 30%，从腹部不适到严重的出血或使消化性溃疡复发。长期大剂量使用时可发生血液病或肾损伤。肝毒性作用十分轻微。中枢神经系统症状较常见，其中头痛、眩晕、耳鸣和失眠的发生率最高。本品与地高辛、甲氨蝶呤、口服降血糖药物同用时，能使这些药物的血药浓度增高，不宜同用。故本题选 D。

39．解析： 吗啡适应证：吗啡注射液及普通片适用于其他镇痛药无效的急性锐痛，如严重创伤、战伤、烧伤、晚期癌症等疼痛。故本题选 A。

40．解析： M 胆碱受体拮抗剂类平喘药物的代表药品有异丙托溴铵、噻托溴铵。故本题选 D。

二、配伍选择题

[41-42] 解析： 阿达帕林用于以粉刺、丘疹和脓疱为主要表现的寻常型痤疮。故 41 题选 B。吡咯类抗真菌药伊曲康唑，酮康唑，浅部真菌病主要包括皮肤癣菌病，如手癣、足癣、体癣、股癣、甲癣及头癣等，还有念珠菌病和花斑糠疹等，临床常见。故 42 题选 D。

[43-45] 解析： 来曲唑主要用于绝经

后、雌激素或孕激素受体阳性早期乳腺癌患者的辅助治疗，治疗绝经后（自然绝经或人工诱导绝经）、雌激素受体阳性、孕激素受体阳性或受体状况不明的晚期乳腺癌患者。只有确认绝经后内分泌状态的女性才能接受本品治疗。故43题选D。孕激素类主要包括甲羟孕酮及甲地孕酮。主要适应证为乳腺癌、子宫内膜癌、前列腺癌、肾癌，也可用于改善晚期肿瘤患者的恶病质。故44题选A。他莫昔芬是目前临床上最常用的内分泌治疗药，主要用于治疗乳腺癌（雌激素受体阳性者，绝经前、后均可使用），化疗无效的晚期卵巢癌和晚期子宫内膜癌。故45题选B。

[46-48]解析：索磷布韦属于抗肝炎病毒药，用于治疗成人慢性丙型肝炎病毒（HCV）感染。核苷类抗疱疹病毒药物伐昔洛韦为阿昔洛韦的L-缬氨酸酯，属前药，口服后在肝脏水解为阿昔洛韦。伐昔洛韦对水痘带状疱疹病毒、单纯疱疹病毒、EBV病毒、巨细胞病毒均有较强的抑制作用。茚地那韦适用于治疗成人及儿童HIV-1感染，建议与批准的抗逆转录病毒制剂（如核苷类和非核苷类逆转录酶抑制剂）合用治疗成人的HIV-1感染。故46题选C，47题选B，48题选D。

[49-50]解析：儿童应用对乙酰氨基酚，一次10~15mg/kg，每隔4~6h给药一次，12岁以下儿童每24h不超过5次量。蒙脱石散每个包装（3g）至少需要用50ml水稀释，如需要服用其他药物，建议与蒙脱石散间隔一段时间。故49题选A，50题选C。

[51-52]解析：依托泊苷和替尼泊苷相同剂量时，替尼泊苷的活性大于依托泊苷。但依托泊苷的化疗指数较高，对单核

细胞白血病有效，完全缓解率也高；对小细胞肺癌有显著疗效，为小细胞肺癌化疗首选药。替尼泊苷脂溶性高，可以透过血-脑屏障，为脑瘤的首选药。故51题选B，52题选C。

[53-55]解析：贝伐珠单抗主要用于转移性结直肠癌和晚期、转移性或复发性非小细胞肺癌。故53题选A。利妥昔单抗主要用于复发或耐药的滤泡性中央型淋巴瘤、未经治疗的CD20阳性Ⅲ~Ⅳ期滤泡性非霍奇金淋巴瘤及CD20阳性弥漫大B细胞性非霍奇金淋巴瘤。故54题选D。曲妥珠单抗主要用于人表皮生长因子受体-2过度表达的转移性乳腺癌，以及已接受过1个或多个化疗方案的转移性乳腺癌、联合紫杉烷类药治疗未接受过化疗的转移性乳腺癌。故55题选E。

[56-58]解析：戈舍瑞林主要用于可用激素治疗的前列腺癌，可用激素治疗的绝经前期及围绝经期妇女的乳腺癌，以及缓解子宫内膜异位症症状包括减轻疼痛并减少子宫内膜损伤的大小和数目。故56题选C。氟他胺用于以前未经治疗或对激素控制疗法无效或失效的晚期前列腺癌患者，它可被单独使用（睾丸切除或不切除）或与促黄体生成激素释放激素激动剂合用。故57题选D。来曲唑用于雌激素或孕激素受体阳性的绝经后早期乳腺癌患者的辅助治疗，或已经接受他莫昔芬辅助治疗5年的、绝经后、雌激素或孕激素受体阳性早期乳腺癌患者的辅助治疗，治疗绝经后（自然绝经或人工诱导绝经）、雌激素受体阳性、孕激素受体阳性或受体状况不明的晚期乳腺癌患者。故58题选E。

[59-61]解析：异烟肼与肾上腺糖皮质激素（尤其泼尼松龙）合用时，可增

加异烟肼在肝内的代谢及排泄，使血药浓度减低而影响疗效，在快乙酰化者更为显著，应适当调整剂量。故59题选D。异烟肼与乙硫异烟胺、吡嗪酰胺、利福平等其他有肝毒性的抗结核药物药合用时，可增加本品的肝毒性，尤其已有肝功能损害者或为异烟肼快乙酰化者，因此在疗程的前3个月应密切随访有无肝毒性征象出现。故60题选E。异烟肼可抑制卡马西平的代谢，使其血药浓度增高，引起毒性反应；卡马西平则可诱导异烟肼的微粒体代谢，形成具有肝毒性的中间代谢物增加。故61题选B。

[62-64] 解析：**氟康唑**适用于治疗成年患者的**隐球菌性脑膜炎、球孢子菌病、侵袭性念珠菌病、黏膜念珠菌病**等。**伏立康唑**是一种广谱的**三唑类抗真菌药**，适用于治疗侵袭性曲霉病、非中性粒细胞减少患者的念珠菌血症等。**卡泊芬净**适用于治疗**念珠菌血流感染和念珠菌感染所致的腹腔脓肿、腹膜炎和胸腔感染**；食道念珠菌病；难治性或不能耐受其他抗真菌药物治疗的侵袭性曲霉病；中性粒细胞缺乏伴发热、经广谱抗菌药物治疗无效、拟为真菌感染患者的经验治疗。故62题选C，63题选B，64题选A。

[65-67] 解析：**阿奇霉素**与其他药物的相互作用少，但**与氨茶碱合用时，应注意监测后者的血药浓度**；阿奇霉素与华法林合用时，应严密监测凝血酶原时间。青霉素类与氨基糖苷类抗菌药物混合后，两者的**抗菌活性明显减弱**，因此，两药不能置于同一容器内给药。故65题选B，66题选B，67题选D。

[68-70] 解析：**氟维司群**主要用于抗雌激素辅助治疗后或治疗过程中复发的，或是**在抗雌激素治疗中进展的绝经后（包括自然绝经和人工绝经）雌激素受体阳性的局部晚期或转移性乳腺癌**。替吉奥主要用于**不能切除的局部晚期或转移性胃癌**。**贝伐珠单抗**主要用于**转移性结直肠癌和晚期、转移性或复发性非小细胞肺癌**。他莫昔芬主要用于复发转移性乳腺癌、乳腺癌术后转移的辅助治疗和子宫内膜癌的治疗。依西美坦主要用于经他莫昔芬辅助治疗2~3年后，绝经后雌激素受体阳性的妇女的早期浸润性乳腺癌的辅助治疗。故68题选A，69题选D，70题选C。

[71-73] 解析：**磺酰脲类**药物不良反应常见**口腔金属味**、食欲减退或食欲增强，与食物同服可减少这些反应；血液系统常见粒细胞计数减少、血小板减少症等。故71题选A。α-葡萄糖苷酶抑制剂的常见不良反应为胃肠道反应，最常见胃胀、腹胀、排气增加、腹痛、胃肠痉挛性疼痛、肠鸣响；少见肝酶升高；偶见腹泻、便秘、肠梗阻、肠鸣音亢进。故72题选C。**噻唑烷二酮类药物**的使用因其不良反应而受限，常见**贫血、血红蛋白降低、血容量增加**、血细胞比容降低、血红蛋白降低，在开始治疗后4~12周更为明显。骨关节系统中常见背痛、肌痛、肌酸激酶增高；并可增加女性骨折的风险。故73题选B。

[74-76] 解析：**螺内酯**适应于：水肿性疾病；作为治疗高血压的辅助药物；原发性醛固酮增多症的诊断和治疗；与噻嗪类利尿药合用，增强利尿作用和预防低钾血症。故74题选A。氨苯蝶啶用于慢性心力衰竭、肝硬化腹水、肾病综合征、糖皮质激素治疗过程中发生的水钠潴留，特发性水肿，亦用于对氢氯噻嗪或螺内酯无效

者。故75题选B。对某些药物过量或毒物中毒（如巴比妥类药物、锂、水杨酸盐和溴化物等），**甘露醇可促进上述物质的排泄，并防止肾毒性**。故76题选D。

[77-78]解析：**氨甲环酸可用于中枢神经病变所致轻症出血，如蛛网膜下腔出血和颅内动脉瘤出血**。故77题选D。由于应用广谱抗菌药物（头孢菌素类），**头孢菌素类在结构中含有一个甲硫四唑基团**，可致肠道菌群改变，**造成维生素B和K合成受阻**，维生素K缺乏，长期大量应用时（10日以上）宜适当补充维生素K、B。故78题选B。

[79-81]解析：**头孢曲松与多种药物存在配伍禁忌**，如红霉素、四环素、氟康唑、万古霉素、两性霉素B、环丙沙星、苯妥英钠、氯丙嗪、氨茶碱、维生素B、维生素C，并**可与金属形成络合物，故一般应单独给药**。**头孢米诺属于头霉素类**，对大多数超广谱β-内酰胺酶稳定，且对拟杆菌属等厌氧菌具有抗菌活性。第三代头孢菌素对肠杆科细菌有良好的抗菌作用，其中头孢他啶和头孢哌酮对铜绿假单胞菌及某些非发酵菌已**有较好的作用**。氨曲南在结构上与头孢他啶有相似之处。故79题选E，80题选C，81题选B。

[82-84]解析：**蛇毒血凝酶：可用于需减少流血或止血的各种医疗情况**，如外科、内科、妇产科、眼科、耳鼻喉科、口腔科等临床科室的出血及出血性疾病；也可用来预防出血，如手术前用药，可避免或减少手术部位及手术后出血。故82题选A。艾曲泊帕乙醇胺：适用于既往对糖皮质激素、免疫球蛋白等治疗反应不佳的成人（≥18周岁）慢性免疫性（特发性）血小板减少症（ITP）患者，使血小板计数升高

并减少或防止出血本品仅用于因血小板减少和临床条件导致出血风险增加的ITP患者。故83题选C。氨基己酸用于预防及治疗血纤维蛋白溶解亢进引起的各种出血。故84题选B。

[85-86]解析：**非洛地平是CYP3A4的底物**。抑制或诱导CYP3A4的药物对非洛地平血药浓度会产生明显影响。氨氯地平对肾功能损害者可采用正常剂量。老年人宜从小剂量开始，渐增剂量。故85题选A，86题选D。

[87-88]解析：**钾竞争性酸阻滞剂（P-CABs）通过竞争胃壁细胞膜腔面的钾离子来发挥作用**，能够对质子泵产生可逆性的抑制，从而抑制胃酸分泌。口服后，P-CABs能快速达到高血浆浓度，因此起效迅速，目前国际上已上市的P-CABs有**伏诺拉生、瑞伐拉生和替戈拉生。米索前列醇是前列腺素E$_1$的类似物，它也是终止早孕药，具有宫颈软化，增强子宫张力及宫内压作用**。故87题选A，88题选C。

[89-90]解析：**抗纤维蛋白溶解药：氨基己酸、氨甲环酸。促血小板生成药：重组人血小板生成素、艾曲泊帕乙醇胺。毛细血管止血药：卡络磺钠、酚磺乙胺。血管硬化剂：聚桂醇**。故89题选A，90题选B。

[91-93]解析：**噻嗪类利尿药的作用机制是抑制远曲小管近端腔壁上Na$^+$和Cl$^-$共转运子的功能**，由此减少肾小管上皮细胞对Na$^+$和Cl$^-$的再吸收，促进肾小管液中Na$^+$、Cl$^-$和水的排出。**醛固酮受体拮抗剂（如螺内酯、依普利酮）与肾小管上皮细胞Na$^+$通道阻滞剂（如氨苯蝶啶、阿米洛利）**，它们的作用部位均位于远曲小管

远端和集合管。祥利尿药主要作用于髓祥升支粗段，利尿作用强，其代表药物有呋塞米、布美他尼、依他尼酸等。故91题选E，92题选A，93题选D。

[94—95]解析：苯溴马隆为促进尿酸排泄药，使尿酸排出增加，从而降低血尿酸水平，但可升高尿尿酸水平而易导致肾结石。骨髓增生低下患者禁用秋水仙碱。故94题选B，95题选C。

[96—98]解析：西咪替丁中含有咪唑环结构，通过其咪唑环与细胞色素P450结合而降低肝药酶活性，同时也可减少肝血流，对肝药酶有较强的抑制作用，可显著降低环孢素、茶碱、卡马西平、华法林、利多卡因、奎尼丁、苯二氮䓬类等药物在体内的消除速度。故96题选B。雷尼替丁会减慢苯妥英钠的代谢，也可能干扰磺酰脲类口服降糖药的药效，导致低血糖或高血糖。故97题选C。铝、镁剂等与阿奇霉素、喹诺酮类、异烟肼、吩噻嗪类、地高辛、头孢泊肟酯、四环素类、H_2受体拮抗剂、左甲状腺素、苯二氮䓬类等药物的口服制剂合用，使后者吸收减少，故一般不提倡合用，如需合用，服用时间应间隔1~2小时。故98题选E。

[99—100]解析：甲基多巴用药前、用药中应定期检查血常规、肝功能。若发生溶血性贫血，应当即停药；通常贫血很快好转，否则应使用糖皮质激素治疗。该类患者不能再次使用甲基多巴，故99题选D。硝苯地平适用于高血压、冠心病、心绞痛，使用时不得与利福平合用，慎用于严重主动脉瓣狭窄者。故100题选B。

三、综合分析选择题

101. 解析：使用阿片类镇痛药可致生理或心理依赖性，突然停药可出现戒断症状。故本题选B。

102. 解析：阿托品伴随剂量增加可依次出现如下反应：腺体分泌减少、瞳孔扩大和调节麻痹、心率加快、膀胱和胃肠道平滑肌的兴奋性降低、胃液分泌抑制。故本题选E。

103. 解析：美罗培南的用法用量是3个月以上儿童：一次20mg/kg，每8h给药一次。本题患儿体重为25kg，给药量为0.5g。故本题选A。

104. 解析：美罗培南为碳青霉烯类广谱抗菌药物，主要用于多重耐药革兰阴性杆菌感染、严重需氧菌与厌氧菌混合性感染。故本题选C。

105. 解析：碳青霉烯类药可引起中枢神经系统严重不良反应如嗜睡、意识障碍、癫痫。故本题选B。

106. 解析：卡托普利用于高血压，心力衰竭，高血压急症。故本题选A。

107. 解析：卡托普利用于高血压的治疗，初始剂量一次12.5mg，一日2~3次，按需要1~2周内增至一次50mg，一日2~3次。故本题选D。

108. 解析：妊娠糖尿病患者，为控制血糖，主张使用胰岛素，不推荐使用二甲双胍。故本题选E。

109. 解析：双胍类不良反应常见腹泻、腹痛、食欲减退、厌食、胃胀、乏力、口苦、金属味、腹部不适；少见味觉异常、大便异常、低血糖反应，少见胸部不适、类流感样症状、心悸、体重减轻等。二甲双胍具有血糖改善明显、有利于减轻体重、单药不显著增加低血糖风险、具有明确的心血管保护作用等优势。故本题选D。

110．解析： 二甲双胍用药前后及用药时应当检查或监测：①用药期间应定期检查空腹血糖、尿糖、尿酮体及肝、肾功能。②对有维生素B_{12}摄入或吸收不足倾向的患者，应每2~3年监测一次血清维生素B_{12}水平。故本题选C。

四、多项选择题

111．解析： 顺铂、卡铂、奥沙利铂三种铂类化合物的不良反应对比，胃肠道反应、肾毒性为顺铂>卡铂>奥沙利铂，血液毒性为卡铂>顺铂>奥沙利铂，神经毒性为奥沙利铂>卡铂>顺铂。故本题选BE。

112．解析： 氯霉素严重的不良反应如下。①骨髓抑制：最严重的是可逆性骨髓抑制，与用药剂量及疗程有关，常见于血药浓度超$25\mu g/ml$患者。表现为贫血，或伴白细胞和血小板减少等。②再生障碍性贫血：罕见，表现有血小板减少引起的出血倾向，并发瘀点、瘀斑和鼻出血等，以及由粒细胞减少所致感染，如高热、咽痛、黄疸等。③灰婴综合征：有出现短暂性皮肤和面色苍白的个案。④肝毒性：原有肝病者用药后可引起黄疸、肝脂肪浸润，甚至急性重型肝炎。故本题选ABD。

113．解析： 噻唑烷二酮类主要效果为改善组织对胰岛素的作用敏感性，通过作用于脂肪、肌肉及肝脏来增加胰岛素敏感性，从而增加葡萄糖利用和减少葡萄糖生成。这类药物可与1种或多种过氧化物酶体增殖物活化受体（PPAR）结合并使其激活，PPAR通过与配体结合调节基因表达。噻唑烷二酮类可明显降低空腹血糖及胰岛素和C肽水平，对餐后血糖和胰岛素亦有

降低作用。代表药物主要有罗格列酮和吡格列酮。故本题选BD。

114．解析： 与胺碘酮联合应用有可能引起尖端扭转型室性心动过速的有Ⅰa类抗心律失常药物（奎尼丁、丙吡胺）；Ⅲ类抗心律失常药物（索他洛尔、多非利特）；非抗心律失常药物，诸如西沙必利、二苯美伦、红霉素（静脉内给药）、咪唑斯汀、莫西沙星、螺旋霉素（静脉内给药）、长春胺（静脉内给药）等、舒托必利、精神抑制制剂喷他脒（静脉注射）。故本题选ABCE。

115．解析： 抗血栓药包括维生素K拮抗剂、肝素和低分子肝素、直接口服抗凝药、抗血小板药、溶栓药。故本题选ABCDE。

116．解析： 硫脲类药物适应证：①用于甲状腺功能亢进症的内科治疗；②大剂量本品可作为辅助治疗甲状腺危象，以阻断T_4转化为T_3；③用于术前准备。故本题选ABD。

117．解析： 呋塞米的不良反应有：①常见口干、口渴、心律失常、肌肉酸痛、疲乏无力、恶心、呕吐等，主要与电解质紊乱有关。还可引起低血钠、低血钾、低血钙，长期用药可发生低氯性碱中毒。②可引起高尿酸血症、血糖升高、直立性低血压、听力障碍、视物模糊，偶有眩晕、发热及黏膜反应等。③极少数病例可发生急性胰腺炎、中性粒细胞减少、血小板减少性紫癜、皮疹、多形性红斑、肝功能障碍而出现黄疸。故本题选ABCE。

118．解析： 硫糖铝与胶体碱式枸橼酸铋均属于胃黏膜保护剂。可增加胃黏膜血

流量，增加胃黏膜细胞黏液、碳酸氢盐的分泌，增加胃黏膜细胞前列腺素的合成，增加胃黏膜和黏液中糖蛋白和磷脂的含量，从而增加黏液层的疏水性。H_2受体拮抗剂、质子泵抑制剂等抑酸剂使胃酸分泌减少，可干扰硫糖铝及铋剂的吸收，故不宜合用。故本题选ABC。

119. **解析：**硝酸酯类药物禁用于对硝酸酯类过敏者、青光眼患者、严重低血压者、已使用5型磷酸二酯酶抑制剂（如西地那非等）者。故本题选ACDE。

120. **解析：**硝酸酯类药物与5型磷酸二酯酶抑制剂（如西地那非）合用，可显著增强硝酸酯类的舒张血管作用，从而发生显著性低血压。不良反应主要继发于其舒张血管作用，舒张血管可引起**搏动性头痛**、**面部潮红**或有烧灼感、血压下降、反射性心率加快、晕厥、血硝酸盐水平升高等。偶见口唇轻度局部烧灼感或加重胃食管反流病。硝酸酯类药不合理使用可致耐药性的发生。硝酸甘油舌下含服，一次0.25~0.5mg，每5min可重复1片，如15min内总量达3片后疼痛持续存在，应立即就医。故本题选ABCE。

模拟试卷（二）参考答案

题号	1	2	3	4	5	6	7	8	9	10
答案	A	A	A	E	B	D	D	C	A	D
题号	11	12	13	14	15	16	17	18	19	20
答案	A	A	D	E	B	C	A	C	E	D
题号	21	22	23	24	25	26	27	28	29	30
答案	C	B	A	D	D	A	E	C	C	D
题号	31	32	33	34	35	36	37	38	39	40
答案	C	A	D	C	A	A	C	D	D	D
题号	41	42	43	44	45	46	47	48	49	50
答案	B	B	B	C	E	D	B	C	D	C
题号	51	52	53	54	55	56	57	58	59	60
答案	B	A	B	E	C	D	E	D	B	E
题号	61	62	63	64	65	66	67	68	69	70
答案	B	C	D	C	A	E	A	D	C	B
题号	71	72	73	74	75	76	77	78	79	80
答案	C	A	B	A	C	B	D	C	A	C
题号	81	82	83	84	85	86	87	88	89	90
答案	E	E	B	A	B	C	E	A	D	C
题号	91	92	93	94	95	96	97	98	99	100
答案	A	B	C	B	E	A	C	D	D	E
题号	101	102	103	104	105	106	107	108	109	110
答案	C	E	B	B	A	D	C	A	D	C
题号	111	112	113	114	115	116	117	118	119	120
答案	BCDE	BCD	ABDE	ABC	CDE	BC	ABCE	ABE	BCD	ABCDE

模拟试卷（二）全解

一、最佳选择题

1．解析： 第一代抗精神病药物，如氯丙嗪、氟哌啶醇、奋乃静等最常见引起锥体外系不良反应，而第二代抗精神病药物，如氯氮平、奥氮平、利培酮、喹硫平、齐拉西酮等较少引起锥体外系不良反应。低效价抗精神病药物，如氯丙嗪、硫利达嗪等以及非典型抗精神病药物氯氮平等多见外周抗胆碱能反应，表现有口干、视物模糊、便秘和尿潴留等。故本题选A。

2．解析： 甲氧沙林临床应用的注意事项：①需同时与长波紫外线（UVA）合用，以增加皮肤对日光的耐受性。成人照射紫外线，一日或隔日1次。1个疗程一般为1个月。②禁用于12岁以下儿童。③严重肝功能不全者禁用。④光照时，应戴墨镜并遮盖正常皮肤。⑤治疗期间，不宜食用含有呋喃香豆素类食物，如无花果、香菜、胡萝卜或芹菜，避免增加光毒性。故本题选A。

3．解析： 甲状腺内囊状小泡分泌的甲状腺激素包括甲状腺素（四碘甲状腺原氨酸，T_4）和三碘甲状腺原氨酸（T_3）。甲状腺激素主要作用为：①维持正常生长发育，甲状腺功能不足可引起呆小病，患者身体矮小，肢体短粗、发育缓慢、智力低下。成人甲状腺功能不全时，则引起黏液性水肿。②促进代谢和增加产热。③提高交感肾上腺系统的感受性。T_3仅有20%直接来自甲状腺，其余80%是在外周组织中由T_4脱碘代谢转化而来；故T_4是反映甲状腺功能状态的主要指标，而T_3是主要的生理活性物质，能促进生长，提高糖类与氨基酸向细胞内转运，增强生物氧化，提高代谢率。T_4要转变为T_3才能发挥在外周组织中的作用。故本题选A。

4．解析： 氯化钙适用于低钙血症、高钾血症、高镁血症以及钙通道阻滞剂中毒（心功能异常），其具有强烈的刺激性，不宜皮内或肌内注射，静脉注射时宜以10%~25%葡萄糖注射液稀释后缓慢注射，速度不宜超过50mg/min，注射后应平卧，以免头晕。故本题选E。

5．解析： 金刚烷胺主要是通过抑制甲型流感病毒的非糖基化基质蛋白M_2蛋白的离子通道来抑制病毒脱壳和复制，通过影响血凝素而干扰病毒组装，只对亚洲甲型流感病毒有抑制作用。故本题选B。

6．解析： 喷托维林的镇咳作用强度约为可待因的1/3。苯丙哌林镇咳作用较强，为可待因的2~4倍。因此作用强度为**苯丙哌林＞可待因＞喷托维林**。故本题选D。

7．解析： 叶酸属于水溶性维生素，脂溶性维生素包括维生素A、维生素D、维生素E、维生素K。故本题选D。

8．解析： 盐酸麻黄碱通过激动α肾上腺素受体引起血管收缩，从而减少鼻腔黏膜容积。其血管收缩作用比较持久而缓和，对鼻黏膜上皮纤毛活动影响少，可改善鼻腔通气，促进鼻窦引流，并可减轻局部炎症。故本题选C。

9．解析： 雌激素少见或罕见但应注意的不良反应有：不规则阴道流血、点滴出血、突破性出血、长期出血不止或闭经、困倦、尿频或排尿疼痛、严重或突发的头痛、行为突然失去协调等。故本题选A。

10．解析：长期口服避孕药可引起月经紊乱、类早孕反应等。故本题选D。

11．解析：维生素A适用于防治维生素A缺乏症，如角膜软化、干眼症、夜盲症、皮肤角质粗糙等。故本题选A。

12．解析：门冬氨酸钾镁可用于急慢性肝炎的辅助治疗。故本题选A。

13．解析：舍曲林能降低左甲状腺素的作用，升高血清TSH的水平。故本题选D。

14．解析：西地那非用于勃起功能障碍。故本题选E。

15．解析：**利伐沙班**临床应用注意：妊娠期及哺乳期妇女禁用；**禁止合用任何其他抗凝药**，伴有凝血异常和临床相关出血风险的肝病患者，包括达到Child-Pugh B和C级的肝硬化患者禁用。有临床明显活动性出血的患者或具有大出血显著风险的患者禁用。不建议将利伐沙班与吡咯类抗真菌药（例如伊曲康唑、伏立康唑和泊沙康唑）或HIV蛋白酶抑制剂全身用药时合用。B错误；由于利伐沙班的血浆蛋白结合率较高，因此利伐沙班不易被透析清除；常见不良反应是出血，也是导致永久性停药的最常见的不良反应；其他常见不良反应有背痛、上腹部疼痛、消化不良等。故本题选B。

16．解析：应用**青霉素**治疗梅毒、钩端螺旋体病等疾病时可由于病原体死亡致症状（寒战、咽痛、心率加快）加剧，称为吉海反应（亦称赫氏反应）。故本题选C。

17．解析：**阿仑膦酸钠**的临床应用注意事项：阿仑膦酸钠属于双膦酸盐类药物，由于双膦酸盐会促进钙元素在骨骼中矿化沉积，增加血钙向骨钙的转移，应用双膦酸盐可能会引发低钙血症，因此口服双膦酸盐类药物期间，应确保钙元素的充分摄入，开始使用本品治疗前，须纠正钙代谢和矿物质代谢紊乱、维生素D缺乏及低钙血症。且避免同一时间服用钙补充剂、抗酸剂和其他可能会干扰本品吸收的口服药物。早餐前至少30min用200ml温开水送服，服后30min内不宜进食和卧床，持续活动30min后才可以躺卧，不宜喝牛奶、咖啡、茶、矿泉水、果汁和含钙的饮料。故本题选A。

18．解析：**喹诺酮类抗菌药**：孕妇和儿童禁用，喹诺酮类药可影响18岁以下儿童软骨发育。喹诺酮类药物分为四代。第一代：萘啶酸，已被淘汰；第二代：吡哌酸，仅在基层医疗单位应用；第三代：在喹啉羧酸结构上C8位由氟取代，改称为氟喹诺酮类，抗菌作用增强，抗菌谱更广，包括诺氟沙星、环丙沙星、氧氟沙星、左氧氟沙星、洛美沙星、氟罗沙星、司帕沙星；第四代：莫西沙星、加替沙星、吉米沙星、安妥沙星（我国具有自主知识产权）。故本题选C。

19．解析：**吸入型肾上腺糖皮质激素**（如布地奈德），少数长期给药可能引起患者口腔、咽喉部的白假丝酵母菌感染，表现为声音嘶哑、咽部不适。故本题选E。

20．解析：防治骨质疏松的药物：①**钙剂**（如碳酸钙）、维生素D及其活性代谢物（如骨化三醇、阿法骨化醇）可促进骨的矿化。②**抑制骨吸收药**：双膦酸盐类、替勃龙、雌激素类、依普黄酮、雷洛昔芬、降钙素等。③**刺激骨形成药**：氟制剂、甲状旁腺激素、生长激素、骨生长因子等。故本题选D。

21. 解析： 第四代头孢菌素体内分布广泛，半衰期长，头孢吡肟有引发癫痫发作的风险，尤其是肾功能不全者未适当降低剂量时。故本题选C。

22. 解析：血管紧张素转换酶抑制药可用于高血压、心力衰竭、冠心病和糖尿病肾病，不可用于心律失常。 故本题选B。

23. 解析： 抗心律失常代表药物：普罗帕酮、胺碘酮、索他洛尔、维拉帕米。故本题选A。

24. 解析： 地屈孕酮可用于**痛经**、子宫内膜异位症、继发性闭经、**月经周期不规律**、功能失调性子宫出血、经前期紧张综合征、**孕激素缺乏所致先兆流产或习惯性流产**、黄体功能不全所致不孕症。故本题选D。

25. 解析：胃黏膜保护药：枸橼酸铋钾有效成分是三钾二枸橼酸铋，在胃的酸性环境中形成弥散性的保护层覆盖于溃疡面上，阻止胃酸、酶及食物对溃疡的侵袭。还可降低胃蛋白酶活性，增加黏蛋白分泌，促进黏膜释放前列腺素，从而保护胃黏膜。故本题选D。

26. 解析：普芦卡必利为选择性、高亲和力的5-HT$_4$受体激动剂，可通过5-HT$_4$受体激活作用来增强胃肠道中蠕动反射和推进运动模式，具有促肠动力活性。 普芦卡必利对胃排空和小肠传输无明显影响，可用于治疗**老年人慢传输型便秘**。故本题选A。

27. 解析： 氨基己酸常见的不良反应为恶心、呕吐和腹泻，当每日剂量超过16g时，尤易发生。快速静脉注射可出现低血压、心动过速、心律失常，少数人可发生惊厥及心脏或肝脏损害。故本题选E。

28. 解析： 达比加群酯吸收后在体内水解为达比加群，达比加群是竞争性、可逆性、直接凝血酶抑制剂，还可抑制游离凝血酶、已与纤维蛋白结合的凝血酶和凝血酶诱导的血小板聚集。故本题选C。

29. 解析： 东莨菪碱散瞳及抑制腺体分泌作用比阿托品强，**更易通过血-脑屏障和胎盘屏障**，对呼吸中枢具有兴奋作用，但对大脑皮层有明显的抑制作用，此外还有扩张毛细血管，改善微循环，以及**抗晕船、晕车等作用**。临床上用于全身麻醉前给药、预防和控制晕动症、震颤麻痹、狂躁性精神病，还用于内脏平滑肌痉挛、睫状肌麻痹、感染性休克和有机磷酸酯类中毒等。故本题选C。

30. 解析： H$_2$受体拮抗剂代表药物有西咪替丁、雷尼替丁、法莫替丁、尼沙替丁、罗沙替丁和拉呋替丁等。H$_2$受体拮抗剂能竞争性地阻断组胺与胃壁细胞上的H$_2$受体结合，抑制基础胃酸分泌及由组胺和食物刺激后引起的胃酸分泌，降低胃蛋白酶的活性，还能抑制胃蛋白酶的分泌。故本题选D。

31. 解析： 质子泵抑制剂（PPI）代表药物有奥美拉唑、兰索拉唑、泮托拉唑、雷贝拉唑、艾司奥美拉唑（即埃索美拉唑）、艾普拉唑和右兰索拉唑等。PPI为前药，经小肠口服吸收或静脉给药后，由血液进入壁细胞后并不能直接作用于质子泵，而是在壁细胞微管的酸性环境中，经酸催化转换为活性形式，即亚磺酰胺的活性形式，然后通过二硫键与质子泵的巯基呈不可逆性的结合，形成亚磺酰胺与质子泵的复合物，从而抑制H$^+$，K$^+$-ATP酶的活性，使壁细胞内的H$^+$不能转运到胃腔中，阻断了胃酸分泌的最后步骤，使胃液中的胃酸量大为减少，对基础胃酸分泌和各种刺激因素引起的胃酸分泌均有很强的抑制作用。故本题选C。

32．解析：苯巴比妥主要用途为抗惊厥。苯巴比妥治疗全面性和局灶性癫痫发作。然而，由于该药具有镇静作用，故其临床应用有限。故本题选A。

33．解析：镇静催眠药地西泮属于长效药，但目前临床不常用于治疗失眠，因为其作用持续时间长并且可以导致活性代谢产物蓄积。地西泮用于焦虑、镇静催眠、抗癫痫和抗惊厥，并缓解炎症所引起的反射性肌肉痉挛等；也可用于治疗惊厥症、紧张性头痛及家族性、老年性和特发性震颤，或手术麻醉前给药。故本题选为D。

34．解析：中枢镇静催眠药包括苯二氮䓬类、巴比妥类、醛类、环吡咯酮类及其他非苯二氮䓬类和褪黑素类。通常用于治疗失眠的非苯二氮䓬类药物包括扎来普隆、唑吡坦等。唑吡坦仅具有镇静催眠作用，而无抗焦虑、肌肉松弛和抗惊厥等作用。用于治疗严重睡眠障碍，偶发性失眠症和暂时性失眠症。故本题选C。

35．解析：镇痛药应口服给药，尽可能避免创伤性给药。尤其是对于强阿片类药。适当口服用药极少产生精神或身体依赖性。故本题选A。

36．解析：丙戊酸钠可用于各种类型的癫痫，包括全身性强直-阵挛性发作及部分性发作；尚可用于双相情感障碍相关的躁狂发作。故本题选A。

37．解析：铋剂（如枸橼酸铋钾）可引起口中有氨味，舌苔、大便呈灰黑色。故本题选C。

38．解析：对乙酰氨基酚用于普通感冒或流行性感冒引起的发热，也用于缓解轻至中度疼痛，如头痛、关节痛、偏头痛、牙痛、肌肉痛、神经痛、痛经。故本题选D。

39．解析：肾功能不全伴有肿瘤的高尿酸血症者，使用细胞毒类的抗肿瘤药、放射治疗患者及2岁以下儿童禁用丙磺舒。痛风性关节炎急性发作期有中、重度肾功能不全或肾结石者禁用苯溴马隆。故本题选D。

40．解析：常用的抗风湿药物包括抗炎药（布洛芬、双氯芬酸、萘普生等），糖皮质激素，抗风湿药中的缓解和阻止病情发展的药物（甲氨蝶呤、柳氮磺吡啶、来氟米特、依那西普、阿达木单抗、英夫利西单抗等）。故本题选D。

二、配伍选择题

［41-42］解析：黄体酮（孕酮）：用于月经失调，如闭经和功能失调性子宫出血、黄体功能不全、先兆流产和习惯性流产及经前期紧张综合征的治疗；用于激素替代疗法与雌激素联合应用；亦用于宫内节育器缓释孕激素药物。故41题选B，42题选B。

［43-44］解析：对焦虑型、夜间醒来次数较多或早醒的失眠患者可选用氟西泮。苯巴比妥服用期间可能出现致死性剥脱性皮炎，且出现皮疹等皮肤反应，需立即停药。故43题选B，44题选C。

［45-47］解析：尼美舒利12岁以下儿童禁止使用；禁用于冠状动脉旁路移植手术（CABG）围手术期疼痛的治疗。临床上小剂量阿司匹林连日服用，一般用于冠心病的一、二级预防。大多数NSAID具有抗炎作用，但对乙酰氨基酚几乎没有抗炎作用。故45题选E，46题选D，47题选B。

［48-49］解析：维拉帕米静脉注射用于终止阵发性室上性心动过速和左心室特

发性室性心动过速。Ⅲ类抗心律失常药抑制多种钾通道，延长动作电位时程和有效不应期，对动作电位幅度和去极化影响小，延长Q-T间期。代表药物为胺碘酮、索他洛尔。故48题选C，49题选D。

[50-51] 解析：托拉塞米临床用于充血性心力衰竭引起的水肿，肝硬化腹水，肾脏疾病所致水肿，原发性高血压；呋塞米为高效利尿剂，适用于预防急性肾衰竭。故50题选C，51题选B。

[52-54] 解析：吗啡的抗利尿作用最为明显，兼有输尿管痉挛时，可出现少尿、尿频、尿急和排尿困难。哌替啶与氯丙嗪、异丙嗪组成人工冬眠合剂。可待因用于较频繁、剧烈的刺激性干咳，如痰液量较多宜用祛痰药。故52题选A，53题选B，54题选E。

[55-57] 解析：为避免在肺或肾中头孢曲松-钙盐沉淀，造成致命性危害，禁止头孢曲松与含钙的药品（包括胃肠外营养液）同时进行静脉给药。丙戊酸钠与亚胺培南、美罗培南、厄他培南、多立培南等抗生素合用，其血药浓度降低，癫痫失控的风险增加。亚胺培南在近端肾小管中被正常人类肾脱氢肽酶Ⅰ灭活，西司他丁是这种脱氢肽酶的特异性抑制剂，联用西司他丁可防止亚胺培南被灭活。故55题选C，56题选D，57题选E。

[58-60] 解析：糖肽类与抗组胺药、布克利嗪、赛克力嗪、吩噻嗪类、噻吨类及曲美苄胺等合用时，可能掩盖耳鸣、头昏、眩晕等耳毒性症状。故58题选D。氯霉素抑制细菌蛋白质合成，是抑菌剂，对青霉素类杀菌剂的杀菌效果有干扰作用。应避免两类药同用。故59题选B。硝基呋

喃类药物的共同特点为：对许多需氧革兰阳性球菌和革兰阴性杆菌均具有一定抗菌作用，但对铜绿假单胞菌无活性。细菌对之不易产生耐药性，药物主要通过干扰细菌的氧化还原酶系统影响DNA合成，使细菌代谢紊乱而死亡。口服吸收差，血药浓度低，且药物的组织渗透性差，不宜用于较重感染，仅适用于肠道感染及下尿路感染。局部用药时，药物接触脓液后仍保持抗菌效能。故60题选E。

[61-63] 解析：庆大霉素是氨基糖苷类抗菌药物，氨基糖苷类属于浓度依赖性抗菌药物，一般推荐日剂量单次给药方案。故61题选B。氯霉素可用于治疗伤寒、副伤寒，最严重的不良反应是可逆性骨髓抑制，与用药剂量及疗程有关，常见于血药浓度超25μg/ml患者。表现为贫血，或伴白细胞和血小板减少等。故62题选C。左氧氟沙星用于敏感菌所致的下列感染：慢性支气管炎急性细菌感染、社区获得性肺炎和医院获得性肺炎、急性鼻窦炎、急性单纯性下尿路感染、复杂性尿路感染、急性肾盂肾炎、复杂性和非复杂性皮肤及皮肤结构感染。故63题选D。

[64-66] 解析：利那洛肽是含有14个氨基酸的合成肽类结构，是一种鸟苷酸环化酶C激动剂，具有内脏镇痛作用和促分泌作用，6岁以下儿童禁用。利福昔明连续用药不能超过7日，长期大量用药或肠黏膜受损时，有极少量（小于1%）被吸收，导致尿液呈粉红色。复方地芬诺酯含地芬诺酯和阿托品，地芬诺酯是哌替啶的衍生物，属于阿片受体激动剂，直接作用于肠平滑肌，消除局部黏膜的蠕动反射而减弱蠕动，配以M胆碱受体拮抗剂阿托品，协同加强对肠管蠕动的抑制作用。故

64题选C，65题选A，66题选E。

[67-69]解析：瑞格列奈为非磺酰脲类促胰岛素分泌药。双胍类代表药为苯乙双胍和二甲双胍。α-葡萄糖苷酶抑制剂有阿卡波糖、伏格列波糖和米格列醇。故67题选A，68题选D，69题选C。

[70-71]解析：**丙硫氧嘧啶**：①常见不良反应有头痛、眩晕、关节痛、唾液腺和淋巴结肿大及胃肠道反应；也有皮疹、药热等过敏反应，有的皮疹可发展为剥脱性皮炎。②最严重的不良反应为**粒细胞缺乏症**，故用药期间应定期监测血常规。故70题选B。对合并冠心病、心功能不全或者心动过速性心律失常的患者必须注意避免应用左甲状腺素引起的甲亢症状。故71题选C。

[72-73]解析：钠-葡萄糖协同转运蛋白2（SGLT-2）抑制剂的常见不良反应为生殖泌尿道感染。罕见的不良反应包括酮症酸中毒，主要发生在1型糖尿病患者；以及急性肾损伤、骨折风险和足趾截肢。故72题选A。非磺酰脲类胰岛素促泌药的常见不良反应是低血糖和体重增加，但低血糖的风险和程度较磺酰脲类药轻。也常见呼吸道感染、类流感样症状、咳嗽，一般较为轻微；心血管不良反应发生率大约为4%，如心肌缺血；少见肝酶升高。偶见皮疹、瘙痒、皮肤过敏反应。故73题选B。

[74-75]解析：**赛洛多辛用于治疗良性前列腺增生**。奥昔布宁属解痉药，用于无抑制性和返流性神经源性膀胱功能障碍患者与排尿有关症状的缓解。故74题选A，75题选C。

[76-78]解析：**阿替普酶**：①**急性心肌梗死**；②血流不稳定的急性大面积肺栓塞；③急性缺血性脑卒中。故76题选B。

氯吡格雷：（1）**预防动脉粥样硬化血栓形成事件**：用于近期心肌梗死（从几日到小于35日）、近期缺血性卒中（从7日到小于6个月）或确诊外周动脉性疾病的患者。（2）**急性冠脉综合征**：①非ST段抬高型急性冠脉综合征（包括不稳定型心绞痛或非Q波心肌梗死），也包括接受经皮冠状动脉介入术置入支架的患者，与阿司匹林合用；②ST段抬高型急性冠脉综合征，与阿司匹林合用，可两药合并在溶栓治疗中使用。故77题选D。达比加群酯：预防成人非瓣性房颤患者的卒中和全身性栓塞（SEE），治疗深静脉血栓形成（DVT）或预防其复发，治疗肺栓塞（PE）或预防复发。故78题选C。

[79-81]解析：**凝血因子Ⅷ**：对缺乏人凝血因子Ⅷ所致的凝血功能障碍具有纠正作用，主要用于防治甲型血友病和获得性凝血因子Ⅷ缺乏而致的出血症状及这类患者的手术出血治疗。**重组人凝血因子Ⅷ**：适用于甲型血友病（先天性凝血因子Ⅷ缺乏）患者出血的治疗和预防。**重组人凝血因子Ⅸ**：控制和预防成人及儿童乙型血友病（先天性凝血因子Ⅸ缺乏症或Christmas病）患者出血，成人及儿童乙型血友患者的围手术期处理。故79题选A，80题选C，81题选E。

[82-84]解析：普萘洛尔与单胺氧化酶抑制剂合用，可致极度低血压。故82题选E。普萘洛尔与肾上腺素、苯福林或拟交感胺类合用：可引起显著高血压、心率过慢，也可出现房室传导阻滞。故83题选B。普萘洛尔与洋地黄合用：可发生房室传导阻滞而使心率减慢，需严密观察。故84题选A。

[85-87]解析：**硝酸甘油**是硝酸酯类的代表药，**起效最快，2~3分钟起效**，5

分钟达最大效应。作用持续时间也最短，约20~30分钟，半衰期仅为数分钟。故85题选B。硝酸异山梨酯作用持续时间2~6小时，比硝酸甘油长，属于中效药，其普通片剂口服起效时间15~40分钟。故86题选C。5-单硝酸异山梨酯为硝酸异山梨酯的代谢产物，作为较新一代的硝酸酯药已大量使用。5-单硝酸异山梨酯有片剂和缓释剂型，在胃肠道吸收完全，无肝脏首关效应，生物利用度近100%。由于本身具有药理活性，可于30~60分钟起效，作用持续3~6小时。故87题选E。

[88-90] 解析：根据硝酸酯类药物相互作用：与乙酰胆碱，组胺或去甲肾上腺素、肾上腺素等拟交感活性药物联合应用，疗效可减弱。故88题选A。与5型磷酸二酯酶抑制剂（如西地那非）合用，可显著增强硝酸酯类的舒张血管作用，从而发生显著性低血压。故89题选D。与三环类抗抑郁药（阿米替林）同时使用，可加剧抗抑郁药的低血压和抗胆碱作用。故90题选C。

[91-93] 解析：氯丙嗪属于吩噻嗪类，这类药物主要通过拮抗中脑最后区的多巴胺 D_2 受体发挥作用，但也有阻滞 M_1 毒蕈碱受体和 H_1 组胺受体的作用。故91题选A。第二代抗精神病药（氯氮平）与吩噻嗪类等药物相比，它们具有较高的 $5-HT_2$ 受体拮抗作用，称多巴胺-5-HT受体拮抗剂（SGAs），对中脑边缘系统的作用比对纹状体系统的作用更具有选择性，特征是阻断 $5-HT_{2A}$ 受体大于阻断多巴胺 D_2 受体。故92题选B。阿立哌唑的药理作用与第一代、第二代抗精神病药不同，为5-HT-DA系统稳定剂。故93题选C。

[94-95] 解析：风湿性关节炎伴有胃溃疡患者最好选用布洛芬。痛风关节炎的急性发作最好选择秋水仙碱。故94题选B，95题选E。

[96-98] 解析：速效胰岛素类似物已经用于临床的有门冬胰岛素、赖脯胰岛素等。普通胰岛素属于短效胰岛素。长效胰岛素类似物常见的有地特胰岛素、德谷胰岛素等。故96题选A，97题选C，98题选D。

[99-100] 解析：抗铜绿假单胞菌的青霉素类药物有哌拉西林等。氯霉素能拮抗维生素 B_6，增加机体维生素 B_6 需求量，它也可拮抗维生素 B_{12} 的造血作用，可导致贫血或周围神经炎的发生。故99题选D，100题选E。

三、综合分析选择题

101. 解析：甲巯咪唑治疗开始或在其后数周或数月突然出现咽喉痛、吞咽困难、发热、口腔黏膜炎症或疖肿，应谨慎。故本题选C。

102. 解析：抗甲状腺药的药物相互作用：①抗甲状腺药与口服抗凝药合用可致后者疗效增加。②磺胺类、对氨基水杨酸、保泰松、巴比妥类、酚妥拉明、妥拉唑林、维生素 B_{12}、磺酰脲类等都有抑制甲状腺功能和致甲状腺肿大的作用。③高碘食物或药物的摄入可使甲亢病情加重，使抗甲状腺药需要量增加或用药时间延长。④由于抗甲状腺药可能诱发白细胞减少症，丙硫氧嘧啶、甲巯咪唑和卡比马唑均可引起粒细胞减少症，合用能减少粒细胞的药物可增加粒细胞缺乏症的危险。故本题选E。

103. 解析：头孢西丁是无污染的胃肠道手术及经阴道子宫切除、经腹腔子宫切除或剖宫产等手术前预防用药。故本题选B。

104. 解析：头孢西丁预防用药：无污染的胃肠道手术及经阴道子宫切除、经腹腔子宫切除等于术前1~1.5h静脉滴注2g，之后每6h静脉滴注1g，给药不超过24h；剖宫产手术，夹住脐带后静脉滴注2g，4h和8h后各加用一次剂量。故本题选B。

105．解析：拉氧头孢适用于血流感染；细菌性脑膜炎；肺炎、肺脓肿、脓胸等下呼吸道感染；腹膜炎、肝脓肿、胆道感染等腹腔感染；盆腔感染；肾盂肾炎等尿路感染。故本题选A。

106．解析：乙酰胆碱酯酶抑制剂通过抑制胆碱酯酶活性，阻止乙酰胆碱的水解，提高脑内乙酰胆碱的含量，从而缓解因胆碱能神经功能缺陷所引起的记忆和认知功能障碍。代表药物有石杉碱甲、**多奈哌齐**、利斯的明（卡巴拉汀）、加兰他敏。故本题选D。

107．解析：尼麦角林为半合成的麦角衍生物，具有较强的α受体拮抗作用和血管扩张作用。能加强脑细胞的能量代谢、增加血氧及葡萄糖的利用以及促进神经递质多巴胺的转换、加强脑部蛋白质生物合成，从而增强神经传导、**改善慢性脑功能不足**。本药可通过即时的末梢肾上腺素能拮抗而**降低动脉血压**，还可通过延迟的中枢性作用导致心动过缓和血压降低。故本题选C。

108．解析：倍他司汀在临床主要用于内耳眩晕症，亦可用于脑动脉硬化、缺血性脑血管疾病及高血压所致**体位性眩晕**、**耳鸣**。故本题选A。

109．解析：**蒙脱石用于成人及儿童急、慢性腹泻**。用于食道、胃、十二指肠疾病引起的相关疼痛症状的辅助治疗。双歧杆菌三联活菌主治因肠道菌群失调引起的急慢性腹泻、便秘。**洛哌丁胺用于控制急、慢性腹泻的症状**。用于回肠造瘘术

患者可减少排便量及次数，增加大便稠硬度。消旋卡多曲用于成人的急性腹泻。**柳氮磺吡啶用于溃疡性结肠炎**；克罗恩病；类风湿关节炎、脊柱关节病、强直性脊柱炎、反应性关节炎、银屑病关节炎、儿童慢性关节炎、其他风湿病等。故本题选D。

110．解析：洛哌丁胺常见的不良反应有胃肠胀气、便秘、恶心、头晕。故本题选C。

四、多项选择题

111．解析：吲达帕胺为类噻嗪类利尿药，具有扩张外周血管作用，降压效果显著，是治疗高血压的常用药物。吲达帕胺的利尿强度是氢氯噻嗪的10倍。可引起低血钾。故本题选BCDE。

112．解析：留钾利尿药的典型不良反应：常见高钾血症，尤其是单独用药、进食高钾饮食，与钾剂或含钾药如青霉素钾等合用以及存在肾功能损害、少尿、无尿时，螺内酯、氨苯蝶啶、阿米洛利均属于留钾利尿药。故本题选BCD。

113．解析：外用药物时的注意事项如下：①正确掌握用药方法，医务人员须向患者详细说明药物的用法，如湿敷的方法；软膏剂、乳膏剂外用后应多加揉擦；对苔藓化肥厚皮损可采用封包疗法，以提高疗效。②药物浓度要适当。对于刺激性药物，应从低浓度开始，逐渐递增。如维A酸类制剂，应从低浓度、小面积开始，逐步递增至高浓度、大范围。③用药要考虑患者的年龄、性别、皮损部位。如儿童不宜使用强效的糖皮质激素制剂；皮肤皱褶及黏膜部位不应使用高浓度、有刺激性的药物。④注意用药部位和个体差异，皮肤吸收药物的能力，因部位不同而有所差

别。在前臂正常皮肤上涂布醋酸氢化可的松溶液，约1%被吸收，但在额部的吸收量可高出6倍，在阴囊高出42倍；但是，在跖弓则仅有1/7被吸收。在炎症性湿疹皮肤，药物经皮吸收量增加；脱屑性银屑病的吸收屏障则几乎不存在。外用糖皮质激素制剂之前，若能使皮肤的含水量增加，则药物透皮量可提高5倍。因此，建议先将皮肤浸泡于水中5min，擦干后再涂上药膏。⑤应告知患者，用药部位一旦出现刺激症状或有红肿、皮肤瘙痒等反应，应立即停药，清洗患处后，到医院就诊。⑥用药量要适当。故本题选ABDE。

114．解析：呋塞米、托拉塞米、布美他尼作为一类强效利尿药，适用于大部分心力衰竭患者，特别适用于有明显液体潴留或伴肾功能受损的患者。故本题选ABC。

115．解析：多数他汀类药物通过肝脏细胞色素P450同工酶（CYP）进行代谢。因此临床用药过程中，应当注意可能影响到CYP酶活性的药物，包括酶的共同底物、诱导剂和抑制剂，CYP3A4底物或抑制剂均可能会上调他汀类药物的浓度，从而主要会增加他汀类药物导致肌病或横纹肌溶解的危险性。增加此危险性的**CYP3A4底物/抑制剂主要药物包括免疫抑制剂环孢素、大环内酯类红霉素、吡咯类抗真菌药伊曲康唑等**。故本题选CDE。

116．解析：白蛋白结合型紫杉醇使用0.9%氯化钠注射液作溶剂，推荐30min滴完。**无须预处理，无须使用特殊输液器。过敏反应发生率极低，血液毒性、消化道毒性及神经毒性均低于紫杉醇及紫杉醇脂质体**。故本题选BC。

117．解析：抑制骨吸收的药物主要分为双膦酸盐类、雌激素类及其他类。我国目前上市的双膦酸盐类药主要包括依替膦酸二钠、氯屈膦酸二钠、帕米膦酸二钠、阿仑膦酸钠、唑来膦酸、利塞膦酸等。雌激素类药物包括：替勃龙、雌激素、结合雌激素、微粒化17β-雌二醇。临床尚有降钙素类、**选择性雌激素受体调节剂也用于骨质疏松的治疗**。降钙素是参与钙及骨质代谢的一种多肽类激素，具有32个氨基酸。鱼降钙素比哺乳动物的生物效应更强，目前临床应用来自鲑鱼的鲑降钙素和来自鳗鱼的依降钙素。选择性雌激素受体调节剂主要是雷洛昔芬和依普黄酮用于临床。故本题选ABCE。

118．解析：生长抑素适应证：①严重急性食管静脉曲张出血。②严重急性胃或十二指肠溃疡出血，或并发急性糜烂性胃炎或出血性胃炎。③胰腺外科术后并发症的预防和治疗。④胰、胆和肠瘘的辅助治疗。⑤糖尿病酮症酸中毒的辅助治疗。故本题选ABE。

119．解析：磺胺类抗菌药禁用于对磺胺类药物过敏者以及对呋塞米、砜类、噻嗪类利尿药、磺脲类（格列本脲）、碳酸酐酶抑制剂过敏的患者。故本题选BCD。

120．解析：尼麦角林主要用于急、慢性脑血管疾病和代谢性脑供血不足，如脑动脉硬化、脑血栓形成、脑栓塞、短暂性脑缺血发作。也用于动脉高血压、脑卒中后偏瘫患者的辅助治疗，可改善脑梗死后遗症引起的感觉迟钝、注意力不集中、记忆力衰退、意念缺乏、忧郁、烦躁不安等。因扩张血管作用明显，临床也用于急、慢性周围血管障碍，如肢体血管闭塞性疾病、雷诺综合征及其他末梢循环不良症状。也适用于血管性痴呆，还可用于老年性耳聋、视网膜疾病等。故本题选ABCDE。

模拟试卷（三）参考答案

题号	1	2	3	4	5	6	7	8	9	10
答案	D	C	C	C	E	E	C	D	B	E
题号	11	12	13	14	15	16	17	18	19	20
答案	E	D	B	C	C	D	A	C	E	D
题号	21	22	23	24	25	26	27	28	29	30
答案	A	C	A	B	A	A	B	E	D	E
题号	31	32	33	34	35	36	37	38	39	40
答案	A	A	B	A	C	D	B	A	D	B
题号	41	42	43	44	45	46	47	48	49	50
答案	A	B	C	C	D	A	C	E	A	D
题号	51	52	53	54	55	56	57	58	59	60
答案	A	C	A	D	E	A	C	B	A	B
题号	61	62	63	64	65	66	67	68	69	70
答案	D	A	B	D	A	E	D	E	A	B
题号	71	72	73	74	75	76	77	78	79	80
答案	C	A	D	D	A	D	C	D	E	C
题号	81	82	83	84	85	86	87	88	89	90
答案	D	E	M	B	A	C	D	A	C	A
题号	91	92	93	94	95	96	97	98	99	100
答案	C	A	B	D	A	C	D	A	B	A
题号	101	102	103	104	105	106	107	108	109	110
答案	D	D	C	A	C	A	B	A	E	B
题号	111	112	113	114	115	116	117	118	119	120
答案	AE	ACDE	ABC	ABCDE	ACDE	ABDE	BCDE	ABCDE	AD	ACD

模拟试卷（三）全解

一、最佳选择题

1．解析：严重低钾血症、高钠血症、高血压、心力衰竭、肾功能衰竭患者禁用甘草酸二铵。故本题选D。

2．解析：由于吲哚美辛的不良反应较大，治疗关节炎一般已不作为首选用药，仅在其他非甾体抗炎药无效时才考虑应用。故本题选C。

3．解析：单独服用 α-葡萄糖苷酶抑制剂药品通常不会发生低血糖。故本题选C。

4．解析：福莫特罗属于 β_2 受体激动剂，本类药物可能会引起低钾血症。故本题选C。

5．解析：血管转换酶抑制剂（ACEI）卡托普利可延缓心室壁肥厚，患者患有高血压、左心室肥厚宜选择此类药物。故本题选E。

6．解析：青霉素的杀菌靶值为 $\geq 40\% \sim 50\%$，临床疗效靶值为 $\geq 40\% \sim 50\%$。故本题选E。

7．解析：丝裂霉素与他莫昔芬合用，可增加溶血性尿毒症的发生危险。故本题选C。

8．解析：抗胆碱药阿托品，可阻断眼内肌M胆碱能受体，**使瞳孔括约肌和睫状肌松弛**，导致去甲肾上腺素能神经支配的瞳孔括约肌的功能占优势，**从而使瞳孔散大**。瞳孔散大把虹膜根部推向虹膜角膜角。减少通过小梁网排入巩膜静脉窦的房水量，增加眼内压。阿托品使睫状肌松弛，拉紧悬韧带使晶状体变扁平，减低其屈光度，同时造成调节麻痹。故本题选D。

9．解析：良性前列腺增生症的治疗药物主要包括：①α_1受体拮抗剂，坦索罗辛、赛洛多辛；②$5\alpha$-还原酶抑制剂，非那雄胺；③植物制剂：普适泰。故本题选B。

10．解析：绒促性素为妊娠期妇女尿中提取的促性腺激素类药物。肌内注射，$t_{1/2}$ 为双相，分别为11h和23h，血药浓度达峰时间约为12h，120h后降至稳定的低浓度，给药32~36h内发生排卵。故本题选E。

11．解析：酪氨酸激酶抑制剂常见的不良反应主要为皮疹、腹泻、皮肤色泽加深、肝脏转氨酶或胆红素升高等，如果发生中度或重度腹泻应给予洛哌丁胺治疗，部分患者可能需要减量，对严重或持续的脱水相关腹泻、恶心、厌食或者呕吐，患者需停药并对脱水采取适当的治疗措施。间质性肺炎、Q-T间期延长等不良反应发生率低，但属于严重不良反应，一旦发生可能危及生命。故本题选E。

12．解析：皮肤不良反应是免疫检查点抑制剂最常见的不良反应，但严重的皮肤不良反应较为罕见，且通常不需要停止治疗或药物减量。**最常见的皮肤不良反应是皮疹瘙痒及白癜风**，白癜风最常见于黑色素瘤患者。故本题选D。

13．解析： 青蒿素易透过血-脑屏障进入脑组织，故对脑型疟有效。青蒿素、双氢青蒿素、蒿甲醚对疟原虫红内期有强大且快速的杀灭作用，能迅速控制临床发作及症状。双氢青蒿素适用于各种类型疟疾的症状控制，尤其是对抗氯喹恶性及凶险型疟疾有较好疗效，妊娠期妇女慎用。故本题选B。

14．解析： 肝素通过增强抗凝血酶Ⅲ（AT-Ⅲ）的活性发挥抗凝作用，在体外和体内都能抑制导致血液凝结和血纤蛋白凝块形成的反应，能预防血栓的发生。故本题选C。

15．解析： PDE-6参与视网膜上感受器的光转导，大剂量的西地那非对该同工酶有抑制作用，导致颜色视觉障碍，对蓝绿色分辨不清，光感增强，严重的还会出现非动脉性缺血性视神经病变（NAION）这种不可逆的视力损伤，多见于使用西地那非的患者，而他达拉非或伐地那非的使用者则很少见。故本题选C。

16．解析： 醋酸去氨加压素禁用于习惯性或精神性烦渴症者；心功能不全或其他疾患需服用利尿剂者；对本药及辅料过敏者；不稳定型心绞痛患者；2B型血管性血友病患者。故本题选D。

17．解析： 左甲状腺素的适应证包括：①治疗非毒性的甲状腺肿（甲状腺功能正常）；②甲状腺肿切除术后服用，以预防甲状腺肿复发；③治疗各种原因引起的甲状腺功能减退；④甲状腺功能亢进症患者，药物治疗甲状腺功能正常时联合应用本药；⑤甲状腺癌甲状腺切除术后；⑥用于甲状腺抑制实验。故本题选A。

18．解析： 双胍类药物二甲双胍的禁忌证如下：①对本药及其他双胍类药物过敏者。②禁用于严重肾功能不全者。③2型糖尿病伴有酮症酸中毒、肝肾功能不全、心力衰竭、急性心肌梗死、严重感染或外伤、重大手术，以及临床有低血压和缺氧情况者。④酗酒者。⑤严重心、肺疾病患者。⑥维生素B₁₂、叶酸和铁缺乏者。⑦营养不良、脱水等全身情况较差者。故本题选C。

19．解析： 坦索罗辛和赛洛多辛属于α_1受体拮抗剂，使前列腺平滑肌松弛，尿道闭合压降低，缓解膀胱出口梗阻，减轻下尿路症状，使尿流通畅，达到减轻患者症状的目的。故本题选E。

20．解析： 大剂量的碘有抗甲状腺的作用，在甲亢患者表现尤为明显。但由于其作用时间短暂（最多维持2周），且服用时间过长时，不仅作用消失，且可使病情加重，因此不能作为常规的抗甲状腺药。故本题选D。

21．解析： 奥昔布宁具有较强的抗胆碱作用，对M₁/M₃受体的选择性较高；对平滑肌也有选择性解痉作用，能直接解除膀胱逼尿肌痉挛，使肌肉松弛。故本题选A。

22．解析： 目前已知人体有5种M受体亚型（M₁~M₅），但确定功能的只有M₁、M₂和M₃受体，其中在膀胱中M₃受体是目前已知唯一直接参与膀胱收缩的重要受体。故本题选C。

23．解析： 利多卡因对短动作电位时程的心房肌无效，因此仅用于室性心律失常，常见神经系统不良反应如言语不清、眩晕等，可用于心衰室性心律失常及心源性猝死的抗心律失常治疗。故本题选A。

24．解析： 维拉帕米禁忌证：①由于维拉帕米主要减慢窦房结的自律性和抑制房室结传导，故**病窦综合征患者和二度或三度房室传导阻滞患者禁用，窦性心动过缓和一度房室传导阻滞患者慎用**；②**心房扑动、心房颤动伴显性预激综合征患者禁用**；③因维拉帕米的负性肌力作用，对于**严重左心室功能不全和低血压患者应禁用**；④**妊娠早期、中期妇女禁用**。下肢间歇性跛行为β受体拮抗剂的绝对禁忌证，故本题选B。

25．解析： 袢利尿药包括呋塞米、托拉塞米、布美他尼、依他尼酸，螺内酯、阿米洛利属于留钾利尿药。故本题选A。

26．解析： 利福平可干扰利用分光光度计或颜色改变而进行的各项尿液分析试验的结果，因服用利福平后可使尿液呈橘红色或红棕色。故本题选A。

27．解析： 碳酸氢钠属于调节酸碱平衡药，静脉滴注用于治疗水杨酸盐或巴比妥类药物中毒。故本题选B。

28．解析： 目前**治疗心力衰竭**的药物主要有如下几类。①**血管紧张素转换酶抑制剂**：能显著降低心力衰竭患者死亡率；②**β受体拮抗剂**：可抑制心肌重构，改善临床左室功能，进一步降低总死亡率、降低心脏猝死率；③**醛固酮受体拮抗剂**：螺内酯，可阻断肾素–血管紧张素–醛固酮系统的通路，对重度心力衰竭有利；④**血管紧张素Ⅱ受体拮抗剂**：作用机制与ACEI相近，目前主要用于因严重咳嗽而不能耐受ACEI的患者；⑤**利尿剂**：能够充分控制

心力衰竭患者的液体潴留；⑥**强心苷类**：可减轻心力衰竭的症状和改善心功能。故本题选E。

29．解析： 氯沙坦属于血管紧张素Ⅱ受体拮抗剂，作用机制与ACEI相近，目前主要用于因严重咳嗽而不能耐受ACEI的患者。故本题选D。

30．解析： 卡托普利用于高血压的初始治疗方案为：初始剂量一次12.5mg，一日2次。故本题选E。

31．解析： 双歧杆菌三联活菌为复方制剂，其组分为：长型双歧杆菌、嗜酸乳杆菌和粪肠球菌。本品**可直接补充人体正常生理细菌，调整肠道菌群平衡，抑制并清除肠道中致病菌，减少肠源性毒素的产生，促进机体对营养物的消化，合成机体所需的维生素，激发机体免疫力**。故本题选A。

32．解析： 常用的短效β$_2$受体激动剂有沙丁胺醇和特布他林，平喘作用维持4~6h，是缓解轻、中度急性哮喘症状的首选药。β$_2$受体激动剂主要通过呼吸道平滑肌和肥大细胞等细胞膜表面的β$_2$受体，激活腺苷酸环化酶，使细胞内的cAMP含量增加，游离Ca^{2+}减少，从而松弛支气管平滑肌，减少肥大细胞和嗜碱性粒细胞脱颗粒和介质的释放，降低微血管的通透性，增加气道上皮纤毛的摆动，缓解哮喘症状。故本题选A。

33．解析： 祛痰药按作用机制分为恶心性祛痰药、刺激性祛痰药、黏痰溶解剂、黏液稀释剂四类。**黏痰溶解剂代表药物氨溴索**，用于伴有痰液分泌异常或排痰功能不良引起的痰液黏稠而不易咳出者。故本题选B。

34．解析：质子泵抑制剂（PPI）代表药物有奥美拉唑、兰索拉唑、泮托拉唑、雷贝拉唑、艾司奥美拉唑（即埃索美拉唑）、艾普拉唑和右兰索拉唑等。该类药物可抑制H^+，K^+-ATP酶的活性，使壁细胞内的H^+不能转运到胃腔中，阻断了胃酸分泌的最后步骤，使胃液中的胃酸量大为减少，对基础胃酸分泌和各种刺激因素引起的胃酸分泌均有很强的抑制作用。故本题选A。

35．解析：混合胰岛素即"双时相胰岛素"，是指含有两种不同时效的胰岛素或胰岛素类似物的混合物，可同时具有短效和长效胰岛素的作用。混合人胰岛素包括精蛋白人胰岛素混合注射液（30R）、精蛋白人胰岛素混合注射液（40R）、精蛋白人胰岛素混合注射液（50R）。故本题选C。

36．解析：根据患者表现，最可能为急性痛风性关节炎。秋水仙碱用于治疗痛风性关节炎的急性发作，预防复发性痛风性关节炎的急性发作。丙磺舒、别嘌醇用于治疗慢性痛风。苯溴马隆适用于原发性和继发性高尿酸血症、各种原因引起的痛风以及痛风性关节炎非急性发作期。非布司他适用于痛风患者高尿酸血症的长期治疗。故本题选D。

37．解析：二苯并氮䓬类的代表药有卡马西平、奥卡西平。卡马西平具有抗惊厥、抗癫痫、抗神经性疼痛等多种作用，抗癫痫主要通过增强钠通道的灭活效能，限制突触后神经元高频动作电位的发散，以及通过阻断突触前钠通道和动作电位发散，阻断神经递质的释放，从而调节神经兴奋性，产生抗癫痫作用。故本题选B。

38．解析：阿托品是M胆碱受体拮抗剂，可扩大瞳孔、调节麻痹、升高眼压。故本题选A。

39．解析：苯丙哌林镇咳作用较强，为可待因的2~4倍。无麻醉作用，不抑制呼吸，不引起胆道和十二指肠痉挛，不引起便秘，无成瘾性，未发现耐受性。故本题选D。

40．解析：成瘾性镇痛药过量处理：距口服给药时间4~6小时内应即洗胃；注射给药后出现危象，可静脉注射纳洛酮，必要时重复给药。故本题选B。

二、配伍选择题

［41-43］解析：不同的抗菌药物口服后吸收不同，克林霉素、利福平、多西环素、头孢氨苄、头孢拉定、头孢克洛、头孢丙烯、左氧氟沙星、氧氟沙星、异烟肼等的吸收比较完全，约可达90%或以上。四环素和土霉素因易与钙、镁、铝、铋、铁等金属离子螯合而影响其吸收（一般在70%以下），其活性也可被碱性物质所抑制，故不宜与抗酸药合用。氨基糖苷类、多黏菌素类、万古霉素、两性霉素B等口服后吸收很少，仅为0.5%~3%。故41题选A，42题选B，43题选C。

［44-45］解析：呋塞米的适应证包括：①充血性心力衰竭、肝硬化、肾脏疾病（肾炎、肾病及各种原因所致的急、慢性肾衰竭），与其他药物合用治疗急性肺水肿和急性脑水肿等；②高血压危象；③高钾血症及高钙血症。稀释性低钠血症（尤其是当血钠浓度低于120mmol/L时）；④预防急性肾衰竭；⑤抗利尿激素分泌过多综合征；⑥急性药物、毒物中毒，如巴

比妥类药物中毒等。**氢氯噻嗪的适应证包括：**①**水肿性疾病：**排泄体内过多的钠和水，减少细胞外液容量，消除水肿。常见的包括充血性心力衰竭，肝硬化腹水，肾病综合征，急、慢性肾炎水肿，慢性肾功能衰竭早期，肾上腺皮质激素和雌激素治疗所致的钠、水潴留；②**高血压：**可单独或与其他降压药联合应用，主要用于治疗原发性高血压；③**中枢性或肾性尿崩症；**④**特发性高钙尿症。**故44题选C，45题选D。

[46~47] 解析：用于肾病的氨基酸制剂：复方氨基酸注射液（9AA）、复方α-酮酸片。故46题选A。用于颅脑损伤的氨基酸制剂：赖氨酸注射液。故47题选C。

[48~50] 解析：特立帕肽适用于骨折高发风险的绝经后妇女骨质疏松症，推荐剂量为**一日皮下注射20μg。**骨化三醇用于绝经后骨质疏松症，推荐**成人剂量为一次0.25μg，一日2次；**用于肾性骨营养不良，起始日剂量为0.25μg，最佳用量为一日0.5~1.0μg；用于甲状旁腺功能减退和佝偻病，推荐成人起始剂量为一日0.25μg。雷洛昔芬用于预防绝经后妇女的骨质疏松症，口服，**一日60mg，**可以在一日中任何时候服用，不受进餐的限制，老年人不需要调整剂量。故48题选E，49题选A，50题选D。

[51~52] 解析：**核苷（酸）类药物（NAs）的药理作用是通过竞争性抑制脱氧核糖核酸（DNA）聚合酶，阻止HBV-DNA的复制。**包括拉米夫定、替比夫定、恩替卡韦、阿德福韦酯等。故51题选A。**干扰素（聚乙二醇干扰素α2a）是目前公认治疗慢性乙型肝炎的重要药物，具有增强清除病毒的免疫功能和直接抑制病毒的作用。**故52题选C。

[53~55] 解析：**氨曲南是唯一的与青霉素类没有交叉反应的β-内酰胺类，**可用于青霉素和头孢菌素类过敏者。故53题选A。长期应用头孢西丁可引起肠道菌群失调，有胃肠道疾病史，尤其是结肠炎患者应慎用。故54题选D。拉氧头孢与阿司匹林合用会增加出血风险。故55题选E。

[56~58] 解析：维生素A用于防治维生素A缺乏症，如角膜软化、干眼症、夜盲症、皮肤角质粗糙等。故56题选A。维生素C用于防治坏血病，以及创伤愈合期、急慢性传染病、紫癜及过敏性疾病的辅助治疗；特发性高铁血红蛋白血症的治疗。故57题选C。维生素B6用于维生素B6缺乏的预防和治疗，防治药物（青霉胺、异烟肼、环丝氨酸）中毒或引起的维生素B6缺乏、脂溢性皮炎、口唇干裂，也可用于妊娠呕吐及放疗和化疗抗肿瘤所致的呕吐，新生儿遗传性维生素B6依赖综合征、遗传性铁粒幼细胞贫血。故58题选B。

[59~61] 解析：α-葡萄糖苷酶抑制剂在缓解糖尿病患者餐后高血糖方面优于磺酰脲类药，可使血糖高峰与低谷间距缩短。故59题选A。格列齐特通过刺激胰岛β细胞分泌胰岛素，增加体内的胰岛素水平而降低血糖。故60题选B。吡格列酮同时发挥一定的PPAR-α激动剂作用。肥胖和糖尿病患者骨骼肌中PPAR-γ浓度增加；其增加的浓度与血清胰岛素浓度密切相关。故61题选D。

[62-63]解析：达格列净属于钠-葡萄糖协同转运蛋白抑制剂，降低血糖和糖化血红蛋白的能力受滤过的葡萄糖负荷和这类药物引起的渗透性利尿的限制。故62题选A。那格列奈属于非磺酰脲类胰岛素促泌药，降糖作用特点为快进快出，吸收快、起效快，作用时间短，有效地模拟生理性胰岛素分泌；既可降低空腹血糖，又可降低餐后血糖。故63题选B。

[64-66]解析：青霉素类抗菌药可增强华法林的抗凝作用。故64题选D。氨基糖苷类与β-内酰胺类混合时可致相互灭活，故联合用药时应在不同部位给药，两类药不能混入同一容器内。故65题选A。头孢美唑、头孢米诺、拉氧头孢等与利尿剂如呋塞米合用时，可加重肾功能损害。故66题选E。

[67-68]解析：表皮生长因子受体（EGFR）酪氨酸激酶抑制剂包括吉非替尼、厄洛替尼、奥希替尼、埃克替尼等，作用机制为竞争性抑制EGFR酪氨酸激酶活性，起到抑制肿瘤细胞增殖的作用。故67题选D。单克隆抗体类药物常用药品包括贝伐珠单抗、利妥昔单抗、曲妥珠单抗、西妥昔单抗。故68题选E。

[69-71]解析：卡马西平与对乙酰氨基酚合用可使肝毒性增加，并使对乙酰氨基酚的疗效降低。卡马西平与锂盐合用可引起严重的神经毒性。卡马西平与单胺氧化酶抑制剂合用可引起高热或高血压危象、严重惊厥甚至死亡。故69题选A，70题选B，71题选C。

[72-73]解析：华法林钠预防及治疗深静脉血栓及肺栓塞；预防心肌梗死后血栓栓塞并发症（卒中或体循环栓塞）。预防房颤、心瓣膜疾病或人工瓣膜置换术后引起的血栓栓塞并发症（卒中或体循环栓塞）。故72题选A。达比加群酯预防成人非瓣性房颤患者的卒中和全身性栓塞（SEE），治疗深静脉血栓形成（DVT）或预防其复发，治疗肺栓塞（PE）或预防复发。故73题选D。

[74-75]解析：非抗生素类抗菌药，过氧苯甲酰为强氧化剂，易分解，遇有机物缓慢分解出新生态氧和苯甲酸，有杀灭痤疮丙酸杆菌、抗炎、轻度溶解粉刺作用，对痤疮丙酸杆菌无耐药性，为炎性痤疮首选外用抗菌药；维A酸主要调节表皮细胞的有丝分裂和表皮的细胞更新，使病变皮肤的增生和分化恢复正常。故74题选D，75题选A。

[76-78]解析：四环素类药与抗酸剂如碳酸氢钠合用时，可使前者吸收减少，活性减低。故76题选D。因碱性药物、抗胆碱药、H_2受体拮抗剂均可降低胃液酸度而使喹诺酮类药物的吸收减少，应避免同服。故77题选C。四环素类与钙剂、镁剂或铁剂合用，可形成不溶性络合物，使口服吸收率减少，两种药物服用时间至少间隔2h。故78题选D。

[79-81]解析：莫沙必利选择性作用于上消化道的5-HT$_4$受体，从而增强上消化道运动。故79题选E。多潘立酮不易透过血-脑屏障，在脑内的浓度很低，使用者（尤其成人）中罕见锥体外系反应，但多潘立酮有促进脑垂体泌乳素释放的作用。故80题选C。甲氧氯普胺易透过血-脑屏障，故易引起锥体外系反应，常见嗜睡和倦怠。故81题选D。

[82-84] 解析：5-HT₃受体拮抗剂包括昂丹司琼、帕洛诺司琼等，**妊娠期、哺乳期妇女禁用昂丹司琼。多潘立酮有时会导致血清泌乳素水平升高、溢乳、男子乳房女性化、女性月经不调等**，但停药后即可恢复正常。普芦卡必利用于治疗成年女性患者中通过轻泻剂难以充分缓解的慢性便秘症状。故82题选E，83题选D，84题选B。

[85-86] 解析：评估浓度依赖性抗菌药物的PK/PD指数主要有 C_{max}/MIC 或 AUC_{0-24}/MIC。故85题选A。评估时间依赖性抗菌药物的PK/PD指数主要有%T>MIC。故86题选C。

[87-89] 解析：**喹诺酮类药物是有效的核酸合成抑制剂**，其**抑制DNA回旋酶和拓扑异构酶Ⅳ**，抑制敏感细菌的DNA复制，干扰细菌DNA复制而杀菌。**甲硝唑应用于各种厌氧菌感染且具有强大的杀灭滴虫作用**，但不影响阴道正常菌群的生长，**为治疗阴道滴虫病的首选药物**。耐酶青霉素类主要有甲氧西林、苯唑西林等，对耐药金葡菌有较好作用。故87题选D，88题选A，89题选C。

[90-91] 解析：**左旋多巴是体内合成去甲肾上腺素、多巴胺（DA）等的前体，其本身并无药理活性**，可通过血-脑脊液屏障，在脑内经多巴脱羧酶脱羧形成多巴胺后发挥药理作用。但因多巴脱羧酶在体内分布甚广，故本药大多在脑外脱羧成多巴胺，仅少部分（约1%）进入脑内。故90题选A。**苯海索可以部分阻滞神经中枢（纹状体）的胆碱受体**，抑制乙酰胆碱的兴奋作用，同时抑制突触间隙中多巴胺的再摄取，与使基底核的胆碱和多巴胺的功能

获得平衡有关。用药后可减轻流涎症状，缓解帕金森病症状及药物诱发的锥体外系症状，但迟发性运动障碍不会减轻，反而加重。故91题选C。

[92-94] 解析：肥大细胞膜稳定剂，**如色甘酸钠，稳定肺组织肥大细胞膜，抑制过敏介质释放**。此外，尚可阻断引起支气管痉挛的神经反射，降低哮喘患者的气道反应性，故92题选A。曲尼司特作用机制除与色甘酸钠相似外，**还能直接拮抗组胺和白三烯的支气管平滑肌收缩作用**，故93题选B。H₁受体拮抗剂中，酮替芬、西替利嗪、氯雷他定不仅高选择性地抑制H₁受体，抑制组胺诱导的气道高反应性，还兼有稳定肺组织肥大细胞膜和拮抗其他介质，降低急性、慢性哮喘反应的作用，可用于预防哮喘发作，故94题选D。

[95-97] 解析：Ⅰa类适度阻滞钠通道，降低动作电位0相上升速率，延长复极过程，**延长有效不应期更为显著，抑制心肌的自律性**。故95题选A。Ⅰb类轻度阻滞钠通道，此类药物具有缩短复极时间和提高心室颤动阈值的作用，而对正常心肌的动作电位0相影响很小。故96题选C。Ⅰc类明显阻滞钠通道，显著降低动作电位0相上升速率和幅度，减慢传导性的作用最为显著。故97题选D。

[98-100] 解析：α-葡萄糖苷酶抑制剂阿卡波糖适用于以碳水化合物为主要食物成分和餐后血糖升高的患者。故98题选A。盐酸二甲双胍类主要机制包括：①作用于肝脏，抑制糖异生，减少肝糖输出；②作用于外周组织（肌肉、脂肪），改善肌肉糖原合成，降低游离脂肪

酸水平，提高胰岛素的敏感性，增加对葡萄糖的摄取和利用；③作用于肠道，抑制肠壁细胞摄取葡萄糖，提高胰高血糖素样肽-1（GLP-1）水平。故99题选B。阿卡波糖用餐前即刻整片吞服或与前几口食物一起咀嚼服用，剂量因人而异。故100题选A。

三、综合分析选择题

101. 解析：内酯环型他汀有洛伐他汀和辛伐他汀，属于脂溶性他汀，口服吸收率较低；须在肝脏中水解成开环羟基酸型方有药理活性。故本题选D。

102. 解析：原发性胆固醇血症和混合型高脂血的治疗：大多数患者服用阿托伐他汀钙一次10mg，一日1次，其血脂水平可得控制。治疗2周内可见明显疗效，治疗4周内可见显著疗效。长期治疗可维持疗效。故本题选D。

103. 解析：缺铁性贫血首选口服铁剂缓解症状。故本题选C。

104. 解析：口服铁剂可见胃肠道不良反应，如恶心、呕吐、上腹疼痛、便秘。本品可减少肠蠕动，引起便秘，并排黑便。故本题选A。

105. 解析：丁苯酞作用机制包括：①促进梗死灶内及灶周微血管增多，恢复缺血区软脑膜微动脉管径，增加软脑膜微动脉血流速度，重构缺血区微循环。②保护线粒体功能，抑制神经细胞凋亡。③恢复缺血区脑组织能量代谢，改善脑细胞能量平衡。④抗脑血栓形成和抗血小板聚集作用。故本题选C。

106. 解析：丁苯酞的常见不良反应

较少，少见肝酶异常，偶见恶心、腹部不适、轻度幻觉和消化道不适，停药后可恢复正常。禁用于对本药过敏者和对芹菜过敏者（芹菜中所含的左芹菜甲素与本药的化学结构相同），以及有严重出血倾向者。慎用于肝、肾功能不全者和有幻觉的精神症状者。故本题选A。

107. 解析：茶碱类药物治疗窗窄，应当进行茶碱血药浓度监测，既保证疗效又防止毒性反应的发生。患者出现烦躁和胡言乱语，应怀疑茶碱血药浓度过高，立即检测茶碱血药浓度。故本题选B。

108. 解析：茶碱与苯巴比妥、利福平合用，茶碱血药浓度下降。茶碱与苯妥英钠相互干扰吸收，二者血药浓度均下降，合用时，二者均需要增加剂量。西咪替丁、克拉霉素、罗红霉素、氧氟沙星均可提高茶碱血药浓度。故本题选A。

109. 解析：解热、镇痛、抗炎药的作用特点包括解热作用、镇痛作用、抗炎作用、抑制血小板聚集作用、预防肿瘤等作用。故本题选E。

110. 解析：布洛芬常见不良反应最常见于胃肠系统，其发生率高达30%，从腹部不适到严重的出血或使消化性溃疡复发。长期大剂量使用时可发生血液病或肾损伤。肝毒性作用十分轻微。中枢神经系统症状较常见，其中头痛、眩晕、耳鸣和失眠的发生率最高。在自身免疫性疾病患者中（如系统性红斑狼疮、混合型结缔组织病），布洛芬治疗期间有发生无菌性脑膜炎症状的个别案例，如颈强直、头痛、恶心、呕吐、发热或意识混乱。故本题选B。

四、多项选择题

111. 解析：醋酸去氨加压素用于治疗中枢性尿崩症，夜间遗尿症（5岁或以上的患者）。故本题选AE。

112. 解析：ARB类药物临床应用于高血压、心力衰竭、冠心病、左心室肥厚、心房颤动预防、糖尿病肾病、蛋白尿/微量白蛋白尿、代谢综合征，尤其是不能耐受ACEI引起咳嗽的患者。故本题选ACDE。

113. 解析：羧甲司坦是较常用的黏液稀释剂，其具有五方面药理作用：①分裂黏蛋白、糖蛋白多肽链上的分子间的二硫键，使分子变小，降低痰液的黏度，并改变其组分和流变学特性，调节黏液分泌。②增加黏膜纤毛的转运，从而增加痰液排出。③改善呼吸道分泌细胞的功能，修复黏膜，促进气管分泌。④抑制支气管杯状细胞的增生。⑤对抗炎症和修复黏膜，增加抗菌药物向支气管黏膜和上皮组织的渗透，提高抗菌药物在气道的药物浓度，并抑制血浆的渗出。故本题选ABC。

114. 解析：核苷（酸）类药物（NAs）可导致肌酸激酶（CK）升高，其中以替比夫定引起的最为常见。NAs具有线粒体毒性可能导致乳酸酸中毒的潜在风险。阿德福韦酯或替诺福韦酯治疗2~9年的肾小管功能障碍累计发生率高达15%。NAs对肾小管的损害引起低磷血症、骨质矿化不足进而发展成为软骨病。慢性乙型肝炎患者使用替比夫定存在周围神经病变风险。故本题选ABCDE。

115. 解析：乙酰半胱氨酸具有较强的黏痰溶解作用，不仅能溶解白色黏痰，也能溶解脓性痰，雾化吸入祛痰效果显著优于氨溴索、溴己新、糜蛋白酶。口服吸收后在小肠黏膜和肝脏存在首关效应，故口服生物利用度极低，适用于大量黏痰阻塞而引起的呼吸困难，还可用于对乙酰氨基酚中毒的解救，治疗环磷酰胺引起的出血性膀胱炎，故本题选ACDE。

116. 解析：奥利司他禁用于对药物制剂中任何一种成分过敏的患者；慢性吸收不良综合征、胆汁淤积患者；器质性肥胖患者（如甲状腺功能减退）。妊娠期妇女禁用；哺乳期妇女不应服用。不推荐体重指数 $\leqslant 24kg/m^2$ 的人群使用本品。故本题选ABDE。

117. 解析：大环内酯类、四环素类、氨基糖苷类、氯霉素的抗菌作用机制主要是抑制细菌蛋白质的合成。故本题选BCDE。

118. 解析：袢利尿药抵抗可由限钠和（或）液体不依从、药物不能到达肾脏、利尿药分泌减少、肾脏对药物反应不足、大量利尿后的钠潴留等多种原因所致。应对措施有：①限制患者的液体及钠盐的摄入量；②改变袢利尿剂的用量、用法；③加用能产生利钠效果剂量的醛固酮拮抗剂；④与噻嗪类利尿剂短期联合使用；⑤改口服为静脉持续滴注等。故本题选ABCDE。

119. 解析：Ic类明显阻滞钠通道：显著降低动作电位0相上升速率和幅度，减慢传导性的作用最为显著，对Q-T间期影响较小，代表药物为普罗帕酮、氟卡尼等。故本题选AD。

120. **解析**：青霉素肌内注射区可发生周围神经炎。鞘内注射超过2万U或静脉滴注大剂量青霉素可引起肌肉阵挛、抽搐、昏迷等反应（青霉素脑病）。此反应多见于婴儿、老年人和肾功能减退患者。故本题选ACD。

模拟试卷（四）参考答案

题号	1	2	3	4	5	6	7	8	9	10
答案	B	D	D	B	A	C	C	E	A	D
题号	11	12	13	14	15	16	17	18	19	20
答案	B	A	D	B	D	D	E	E	D	C
题号	21	22	23	24	25	26	27	28	29	30
答案	D	C	E	C	C	D	A	E	B	A
题号	31	32	33	34	35	36	37	38	39	40
答案	A	A	C	C	A	C	A	D	A	B
题号	41	42	43	44	45	46	47	48	49	50
答案	B	D	C	B	D	E	E	C	A	C
题号	51	52	53	54	55	56	57	58	59	60
答案	A	B	E	A	A	C	A	C	D	D
题号	61	62	63	64	65	66	67	68	69	70
答案	E	C	E	A	C	B	C	A	E	C
题号	71	72	73	74	75	76	77	78	79	80
答案	B	C	B	D	D	C	B	B	D	A
题号	81	82	83	84	85	86	87	88	89	90
答案	E	A	C	B	D	A	D	B	B	A
题号	91	92	93	94	95	96	97	98	99	100
答案	E	E	B	C	D	A	D	B	A	D
题号	101	102	103	104	105	106	107	108	109	110
答案	D	C	B	C	D	E	E	B	B	C
题号	111	112	113	114	115	116	117	118	119	120
答案	BCDE	ABCDE	ABCDE	BCDE	BCE	ABCDE	ABDE	ABCDE	AC	CDE

模拟试卷（四）全解

一、最佳选择题

1. 解析：苯丙哌林为**中枢及外周性镇咳药**，无麻醉作用，不抑制呼吸，不引起胆道和十二指肠痉挛，不引起便秘，无成瘾性，未发现耐受性。故本题选B。

2. 解析：来氟米特属于慢作用抗风湿药，可抑制合成嘧啶的二氢乳清酸脱氢酶，使活化淋巴细胞的生长受抑，临床适用于成人类风湿关节炎，亦可用于狼疮性肾炎。故本题选D。

3. 解析：丙硫氧嘧啶可引起中性粒细胞胞浆抗体相关性血管炎，发病机制为中性粒细胞聚集，诱导中性粒细胞胞浆抗体。丙硫氧嘧啶适应证：①适用于轻症和不适宜手术或放射性碘治疗者，如儿童、青少年及手术后复发而不适于放射性碘治疗者，也可作为放射性碘治疗时的辅助治疗。②用于甲状腺危象的治疗，除应用大剂量碘剂和采取其他综合措施外，大剂量本品可作为辅助治疗以阻断T_4转化为T_3。③用于术前准备，为减少麻醉和术后并发症，防止术后发生甲状腺危象，术前应先服用本品使甲状腺功能恢复到正常或接近正常，然后术前2周左右加服碘剂。故本题选D。

4. 解析：黏痰溶解剂，可分解黏液成分，使黏液液化，易于咳出。**代表药物有溴己新、氨溴索**。故本题选B。

5. 解析：地芬诺酯为人工合成的具有止泻作用的阿片生物碱，有较弱的阿片样作用，但无镇痛作用，现已代替阿片制剂成为应用广泛的非特异性止泻药。故本题选A。

6. 解析：长期服用普萘洛尔者撤药须逐渐递减剂量，至少经过3日，一般为2周。故本题选C。

7. 解析：林可霉素类药物属于时间依赖性抗菌药物，给药原则一般应按每日分次给药，使%T>MIC达到40%以上，从而达到满意的杀菌效果。故本题选C。

8. 解析：广谱抗吸虫和绦虫药物吡喹酮对虫体的主要药理作用：①使虫体肌肉发生强直性收缩而产生痉挛性麻痹；②使虫体皮层损害与影响宿主免疫功能；③使虫体表膜去极化，皮层碱性磷酸酶活性明显降低，致使葡萄糖的摄取受抑制，内源性糖原耗竭；④可抑制虫体核酸与蛋白质的合成。故本题选E。

9. 解析：应用西妥昔单抗治疗者80%以上可能发生皮肤反应，主要症状为粉刺样皮疹，其中约15%症状严重者可能发生史蒂文斯–约翰逊综合征或中毒性表皮坏死溶解，其次为指甲病（如甲床炎），其他包括皮肤干燥、皲裂，以及炎症和感染性后遗症，如睑炎、唇炎、蜂窝织炎等，这些不良反应大多在治疗的第1周内出现，通常中断治疗后上述症状可以自行消退，并无后遗症。故本题选A。

10. 解析：西妥昔单抗与顺铂、多柔比星、紫杉醇、拓扑替康、伊立替康、吉西他滨联合应用，可增强抗肿瘤疗效。故本题选D。

11．解析： 阿苯达唑不宜与西咪替丁、吡喹酮、地塞米松、利托那韦、苯妥英、卡马西平、苯巴比妥类合用，**甲苯咪唑不应和甲硝唑合用**，左旋咪唑不应与四氯乙烯合用。故本题选B。

12．解析：疥疮由疥螨引起，主要通过直接接触传染，也可通过患者用过的衣物而间接传染。在集体宿舍可多人发病，在家庭亦常数人染病。**治疗主要是外用药**，如5%~10%硫黄软膏、林旦乳膏、10%克罗米通乳膏等。苯甲酸苄酯在高浓度时可杀灭疥虫，作用优于硫黄。故本题选A。

13．解析： 根据外用糖皮质激素的药理作用强度大致可分为弱效、中效、强效和超强效四类，但其浓度和基质成分的不同也可改变其作用强度。**强效外用糖皮质激素：糠酸莫米松、二丙酸倍氯米松、氟氢松、哈西奈德（0.025%）**。故本题选D。

14．解析：复方氨基酸注射液（9AA）用于急性和慢性肾功能不全患者的肠外营养支持；大手术、外伤或脓毒血症引起的严重肾衰竭及急慢性肾衰竭。故本题选B。

15．解析： 出血性膀胱炎是泌尿系统毒性的表现，使用异环磷酰胺及大剂量环磷酰胺时会出现，这是由于代谢物丙烯醛所致。故本题选D。

16．解析： 阿克拉阿霉素为第二代蒽环类抗肿瘤药，具有亲脂性，易迅速进入细胞并维持较高浓度，有疗效高、心脏毒性低、可口服的优点。故本题选D。

17．解析： 酪氨酸激酶抑制剂包括吉非替尼、厄洛替尼、奥希替尼、埃克替尼等。故本题选E。

18．解析：单克隆抗体靶向药物具有高度特异性，可在体内靶向性分布，在癌症治疗方面最突出的优点是能特异性地与靶细胞表面或循环中的配体结合，选择性杀伤特定细胞，就是只对癌细胞起作用而对正常体细胞几乎没有伤害，从而有效地抑制癌细胞的增长和扩散，并大幅度降低毒副作用。曲妥珠单抗、利妥昔单抗主要通过上述机制发挥作用。故本题选E。

19．解析： 糖皮质激素的治疗原则：①在某些感染时，应用糖皮质激素可减轻组织的破坏、减少渗出、减轻感染的中毒症状，但须同用有效的抗菌药物治疗，在短期合用糖皮质激素后，迅速减量或停药。②**能局部使用，不全身应用**；能小剂量使用，不选择大剂量；能短期使用，不长期应用；局部应用糖皮质激素也要注意某些皮肤表面（面、颈、腋窝、会阴、生殖器）的吸收过量问题。对激素依赖性的哮喘患者，推荐以吸入替代口服给药，并在吸入后常规漱口，避免残留药物所诱发的口腔真菌感染和溃疡。故本题选D。

20．解析： 青霉素的血浆清除半衰期短暂，约30分钟，对多数敏感细菌的有效血浆浓度可维持5小时。在肾功能正常的情况下，给药剂量的75%由肾脏排出。故本题选C。

21．解析： 在肾功能正常的情况下，给药剂量的75%由肾脏排出，**青霉素给药方法一般为每隔6小时给药1次**，以保持有效的血浆浓度，同时保持持续接触和杀灭细菌的时间。故本题选D。

22.解析：丙烯胺类抗真菌药包括萘替芬和特比萘芬，为角鲨烯环氧化酶的非竞争性、可逆性抑制剂。故本题选C。

23.解析：丙硫氧嘧啶适用于轻症和不适宜手术或放射性碘治疗者，如儿童、青少年及手术后复发而不适于放射性碘治疗者，也可作为放射性碘治疗时的辅助治疗。故本题选E。

24.解析：二甲双胍首选用于单纯饮食控制及体育锻炼治疗无效的2型糖尿病，特别是肥胖的2型糖尿病。对磺酰脲类药疗效较差的糖尿病患者与磺酰脲类口服降血糖药合用。故本题选C。

25.解析：右旋糖酐铁注射液具体用法如下。①**静脉滴注：**100~200mg右旋糖酐铁用9%氯化钠溶液或5%葡萄糖溶液稀释至100ml。给予首次剂量时，应先缓慢滴注25mg至少15min，如无不良反应发生，可将剩余剂量在30min内滴注完毕。②**静脉注射：**将相当于100~200mg铁（2~4ml）的右旋糖酐铁用0.9%氯化钠溶液或5%葡萄糖溶液10~20ml稀释后缓慢静脉注射，同样在初次给药时先缓慢注射25mg（1~2min），如无不良反应发生，再给予剩余的剂量（0.2ml/min）。③**肌内注射不需稀释。**④**总补铁剂量约20mg/kg的右旋糖酐铁也可采用一次性滴注给药的方法。**此法应将所给剂量稀释至0.9%NaCl或5%葡萄糖溶液250~1000ml中，并静脉滴注4~6h。故本题选C。

26.解析：二氢吡啶类钙离子通道阻滞剂（如硝苯地平）的常见不良反应，包

括反射性交感神经激活导致的心跳加快、面部潮红、脚踝部水肿、牙龈增生等。故本题选D。

27.解析：强心苷中毒对异位心律者可静脉注射苯妥英钠100~200mg；对心动过缓者可静脉注射阿托品0.5~2mg。故本题选A。

28.解析：普鲁卡因胺广谱抗心律失常药，用于室上性和室性心律失常的治疗，也用于预激综合征房颤合并快速心率，或鉴别不清室性或室上性来源的宽QRS心动过速尖端扭转性室速、胃肠道不适、狼疮样综合征。口服曾用于治疗室性或房性期前收缩，或预防室上速或室速复发，但长期使用可出现狼疮样反应，已很少应用。故本题选E。

29.解析：解痉药的用药监护：①妊娠期妇女静脉注射阿托品可使胎儿心动过速，应用需谨慎；②哺乳期妇女不宜使用；③婴幼儿对莨菪生物碱的毒性较敏感，一般宜慎用；④莨菪生物碱类药对膀胱逼尿肌、输尿管都有解痉作用，老年人用药后容易发生排尿困难、便秘、口干（尤其是男性），若在静脉滴注过程中出现排尿困难，可肌内注射新斯的明0.5~1mg或氢溴酸加兰他敏，解除症状；⑤莨菪生物碱类药品易诱发未经诊断的青光眼；⑥急腹症尚未明确诊断时，不宜使用莨菪生物碱类药；⑦老年人汗液分泌减少，散热功能弱，莨菪生物碱类药可抑制腺体分泌，夏季用药时可使体温升高，尤要慎用。故本题选B。

30.解析：功能性胃肠病药曲美布汀可抑制运动功能亢进肌群的运动，同时也可增进运动功能低下肌群的运动，可诱发

成人消化系统生理性消化道推进运动。故本题选A。

31．解析：多烯磷脂酰胆碱注射液严禁用电解质溶液（0.9%氯化钠溶液、林格液等）稀释，如需稀释，只能用5%、10%葡萄糖溶液或木糖醇注射液。故本题选A。

32．解析：前列腺素类抑酸剂（特别是E和I组）可降低胃壁细胞的胃酸分泌，还可增强黏膜的防御机制，能增加碳酸氢盐和黏液的分泌。米索前列醇是前列腺素E1的类似物。故本题选A。

33．解析：长效β₂受体激动剂不推荐单独使用，须与吸入型肾上腺糖皮质激素联合应用，不适合初始用于快速恶化的急性哮喘发作，仅用于需要长期用药的患者。故本题选C。

34．解析：喷托维林镇咳作用强度约为可待因的1/3；可待因镇咳作用强而迅速，约为吗啡的1/4。故本题选C。

35．解析：吸入性糖皮质激素常见的不良反应有口腔、咽喉部的白假丝酵母菌感染、声音嘶哑、咽喉部不适，吸药后用水漱口及局部应用抗霉菌药物可降低发生率。故本题选A。

36．解析：卡马西平常引发视物模糊、复视、眼球震颤、头痛。少见变态反应、Stevens-Johnson综合征或中毒性表皮坏死松解症、皮疹、严重腹泻、稀释性低钠血症或水中毒、红斑狼疮样综合征。故本题选C。

37．解析：对乙酰氨基酚用于普通感冒或流行性感冒引起的发热，也用于缓解轻至中度疼痛，如头痛、关节痛、偏

痛、牙痛、肌肉痛、神经痛、痛经。故本题选A。

38．解析：尼美舒利可用于慢性关节炎症（如类风湿关节炎和骨关节炎等）；手术和急性创伤后的疼痛和炎症；耳鼻咽部炎症引起的疼痛；痛经；上呼吸道感染引起的发热等症状的治疗。故本题选D。

39．解析：老年患者对苯二氮䓬类药物较敏感，静脉注射更易出现呼吸抑制、低血压、心动过缓甚至心跳停止。因此A项叙述错误。故本题选A。

40．解析：肾上腺皮质功能可分为原发性与继发性，对于继发性肾上腺皮质功能不全，因盐皮质激素分泌未受影响，只需用糖皮质激素补充，并应给予促肾上腺皮质激素以促皮质功能恢复。故本题选B。

二、配伍选择题

［41-43］解析：维生素B₂与甲状腺素、促胃肠动力药甲氧氯普胺合用，可减少维生素的吸收。故41题选B。大剂量维生素C可干扰抗凝血药的抗凝效果，缩短凝血酶原时间。故42题选D。维生素B₁与抗酸药碳酸氢钠、枸橼酸钠等合用，可使维生素发生变质和破坏。与依地酸钙合用，可防止维生素的降解（螯合作用）。故43题选C。

［44-46］解析：重组人生长激素应用注意：糖尿病患者可能需要调整抗糖尿病药的剂量、注射部位应常变动以防脂肪萎缩、脑肿瘤引起的垂体性侏儒症患者，心脏或肾脏病患者慎用等。故44本题选B。促皮质素临床应用注意：妊娠和哺乳

期妇女、高血压、糖尿病、结核病、化脓性或真菌感染、胃与十二指肠溃疡及心力衰竭患者慎用。故45题选D。生长激素禁用：已知对人生长激素，或对本品溶剂中赋形剂过敏的患者；罹患肿瘤或近2年内有恶性肿瘤病史者和（或）活动性颅内损伤，或有任何进展或复发迹象的原有的颅内损伤患者；增生期或增生前期糖尿病视网膜病变患者；骨骺已经闭合的儿童；含苯甲醇（防腐剂）的制剂禁用于3岁以下的儿童；有四环素过敏史者不得使用。故46题选E。

[47-49]解析：**头孢唑林与庆大霉素或阿米卡星联合应用，在体外能增强抗菌作用**。利奈唑胺可用于万古霉素耐药的屎肠球菌感染，包括伴发的菌血症。异烟肼又名"雷米封"，对各型结核分枝杆菌有高度选择性抗菌作用。故47题选E，48题选C，49题选A。

[50-51]解析：**降酶药的常用品种有联苯双酯和双环醇，特点是降低血清丙氨酸氨基转移酶作用肯定**，但对天冬氨酸氨基转移酶（AST）作用不明显。解毒类药可以提供巯基或葡萄糖醛酸，增强解毒功能，代表性药物有还原型谷胱甘肽、硫普罗宁、葡醛内酯。**硫普罗宁提供巯基，具有解毒、抗组胺、清除自由基和保护肝细胞作用**。故50题选C，51题选A。

[52-54]解析：**酰胺醇类药物主要为抑菌剂，作用机制为抑制细菌蛋白质的合成，且新生儿、哺乳期、妊娠期（尤其妊娠后期）禁用氯霉素，氯霉素可透过血-胎盘屏障，发生灰婴综合征。氟喹诺酮类是抗菌药物的代表药物**。氟喹诺酮类抗菌药物偶可引起关节病变，若出现有肌肉痛、腱鞘炎、跟腱炎、肌腱断裂等疼痛与肿胀症状，立即停药并就医。可能会使心电图Q-T间期延长，代表药物有左氧氟沙星。大环内酯类代表药物红霉素可用于军团菌病、支原体肺炎、空肠弯曲菌肠炎等。故52题选B，53题选E，54题选A。

[55-56]解析：**丙戊酸钠属于脂肪酸类抗癫痫药物，主要在肝脏代谢，有一定的肝毒性。利斯的明是乙酰胆碱酯酶抑制剂，通过抑制乙酰胆碱酯酶水解乙酰胆碱，提高脑内乙酰胆碱的含量，从而发挥脑功能改善及抗记忆障碍作用**。故55题选A，56题选C。

[57-59]解析：单剂口服磷霉素氨丁三醇用于单纯性下尿路感染的治疗。故57题选A。利奈唑胺具有轻度可逆的、非选择性的单胺氧化酶抑制剂作用，与拟交感活性药物、血管收缩药、多巴胺活性药物联合应用可使部分患者血压上升，与苯丙醇胺、伪麻黄碱合用亦可使血压上升。故58题选C。磷霉素钠注射剂可用于治疗敏感菌所致呼吸道感染、尿路感染、皮肤软组织感染等；也可与β-内酰胺类、氨基糖苷类等其他抗菌药联合应用，治疗由敏感菌所致中、重症感染如败血症、腹膜炎、骨髓炎等，但需用大剂量；与万古霉素、利福平联合可用于金黄色葡萄球菌（甲氧西林敏感或耐药株）等革兰阳性菌所致的严重感染。故59题选D。

[60-61]解析：服用非那雄胺的男性需要停药1个月后成方可献血，而服用度他雄胺者则需要停药6个月后方可献血。故60题选D。**妊娠期妇女或备妊娠妇女不要接触破碎非那雄胺片剂，因可能被皮肤**

吸收继而导致男性胎儿畸形，也不要接触服用该类药物的男性伴侣的精液。故61题选E。

[62-63]解析：棘白菌素类抗真菌药如卡泊芬净、米卡芬净、阿尼芬净，具广谱抗真菌活性，对耐氟康唑及两性霉素B的念珠菌属、曲霉属、组织胞浆菌属、芽生菌属、球孢子菌属等均具较好的活性，但对隐球菌作用差。故62题选C。**两性霉素B去氧胆酸盐应用时均先以灭菌注射用水10ml配制本品50mg，或5ml配制25mg，然后用5%葡萄糖注射液稀释**（不可用氯化钠注射液，因可产生沉淀），**滴注液的药物浓度不超过0.1mg/ml，避光缓慢静滴，每次滴注时间需6h以上，稀释用葡萄糖注射液的pH应在4.2以上。**故63题选E。

[64-65]解析：**丙硫氧嘧啶常见不良反应有头痛、眩晕、关节痛、唾液腺和淋巴结肿大及胃肠道反应**；也有皮疹、药热等过敏反应，有的皮疹可发展为剥脱性皮炎。故64题选A。**甲巯咪唑常见不良反应为皮疹或皮肤瘙痒及白细胞减少。少见严重的粒细胞缺乏症；可能出现再生障碍性贫血；致味觉减退、恶心、呕吐、上腹部不适、关节痛、头晕头痛、脉管炎、红斑狼疮样综合征。**故65题选C。

[66-67]解析：**抗骨质疏松药物雷洛昔芬仅用于绝经后妇女，不适用于男性患者。**故66题选B。降钙素调节钙代谢，具有以下作用：①**直接抑制破骨细胞的活性**，从而抑制骨盐溶解，阻止钙由骨释出，而骨骼对钙的摄取仍在进行，因而可降低血钙。可对抗特立帕肽促进骨吸收的作用并使血磷降低。②抑制肾小管对钙和

磷的重吸收，使尿中钙和磷的排泄增加，血钙也随之下降。③可抑制肠道转运钙。④有明显的镇痛作用，对肿瘤骨转移、骨质疏松所致骨痛有明显治疗效果。故67题选C。

[68-69]解析：**噻氯匹定为无活性的前药，口服后在体内通过至少5个途径代谢，产生至少13个代谢产物，并且绝大部分代谢产物没有抗血小板活性。**故68题选A。**具有预防心肌梗死，改善预后的药物包括：①抗血小板药**（阿司匹林、氯吡格雷、替格瑞洛）；②**抗凝药**；③**他汀类药物**；④**ACEI类或ARB类药物**；⑤β**受体拮抗剂**。故69题选E。

[70-71]解析：维生素是维持人体正常代谢和健康所必需的小分子有机化合物，大部分维生素在体内不能合成或者是合成量不足，需从食物中摄取。二磷酸果糖作用有：①促进钾内流，恢复及改善分析水平的细胞代谢；②可减少机械创伤引起的红细胞溶血和抑制化学刺激引起的氧自由基的产生；③改善心肌缺血；④对人体代谢调节具有显著的多种功能。故70题选C，71题选B。

[72-74]解析：肝素、低分子肝素均属于抗血栓药中的抗凝药，尿激酶属于抗血栓药中的溶栓酶；叶酸和维生素B_{12}属于抗贫血药。故72题选C。**蛇毒血凝酶属于抗出血药。**故73题选B。**重组人粒细胞巨噬细胞刺激因子属于抗白细胞药。**故74题选D。

[75-77]解析：**肝素（UFH）与低分子肝素（LMWH）对凝血的各环节均有作用，起效迅速，体内、外均有抗凝作用，可防止急性血栓形成而成为对抗血栓的首**

选。故75题选D。阿司匹林属于血栓素A_2抑制剂。故76题选C。二磷酸腺苷（ADP）P2Y12受体拮抗剂，细分为噻吩并吡啶类（噻氯匹定、氯吡格雷）和非噻吩并吡啶类（替格瑞洛）。故77题选B。

[78-79]解析：孟鲁司特、扎鲁司特、依拉司特、普仑司特均属于白三烯受体拮抗剂。扎鲁司特的生物利用度为100%，蛋白结合率为99%。依拉司特仅对运动哮喘有效。故78题选B，79题选D。

[80-81]解析：美西律属于Ⅰb类抗心律失常药，不延长心室除极和复极时程，因此可用于Q-T间期延长的室性心律失常。普罗帕酮的可使室内传导障碍加重，QRS波增宽，出现负性肌力作用。故80题选A，81题选E。

[82-83]解析：β_1受体激动后增加心率和心肌收缩力。故82题选A。β_2受体激动后支气管扩张，血管扩张，内脏平滑肌松弛，肝糖原分解，肌肉震颤。β_3受体激动后脂肪分解。故83题选C。

[84-85]解析：ACEI类药物卡托普利的降压机制是通过抑制ACE，减低循环系统和血管组织RAS活性，减少Ang Ⅱ的生成和升高缓激肽水平，而在心脏预防与逆转心肌肥厚，对缺血心肌具有保护作用，从而改善心脏的收缩和舒张功能，故84题选B。CCB类降压药物硝苯地平对肾脏具有保护作用。故85题选D。

[86-88]解析：阿托伐他汀为羟甲基戊二酰辅酶A还原酶抑制剂的代表药物。属于胆固醇吸收抑制剂的是依折麦布。属于贝丁酸类调节血脂药的是非诺贝特。故86题选A，87题选D，88题选B。

[89-91]解析：泮托拉唑适应证包括十二指肠溃疡、胃溃疡、急性胃黏膜病变，复合性胃溃疡等引起的急性上消化道出血。（口服）与抗生素合用根除Hp治疗。故89题选B。雷尼替丁适应证包括十二指肠溃疡、预防十二指肠溃疡复发、胃溃疡、反流性食管炎、预防与治疗应激性溃疡及药物性溃疡等；治疗卓-艾综合征、消化性溃疡并发出血，以及缓解胃酸过多所致胃痛、烧心、反酸。故90题选A。米索前列醇适应证包括十二指肠溃疡、胃溃疡及由NSAID引起的消化性溃疡。预防NSAID引起的消化性溃疡。与米非司酮序贯合并使用，可用于终止停经49日内的早期妊娠。故91题选E。

[92-93]解析：甲氨蝶呤（MTX）：本药抑制细胞内二氢叶酸还原酶，使嘌呤合成受抑，同时具抗炎作用。故92题选E。柳氮磺吡啶为磺胺类抗菌药。属于口服不易吸收的磺胺药，吸收部分在肠微生物作用下分解成5-氨基水杨酸和磺胺吡啶，从而抑制前列腺素的合成及其他炎症介质白三烯的合成，从而发挥抗炎、抗风湿的作用。故93题选B。

[94-96]解析：碳酸锂主要治疗躁狂症，对躁狂和抑郁交替发作的双相情感性精神障碍有很好的治疗和预防复发作用，对反复发作的抑郁症也有预防发作作用。也用于治疗分裂-情感性精神病。故94题选C。利培酮用于治疗精神分裂症，也可减轻与精神分裂症有关的情感障碍。用于治疗双相情感障碍的躁狂发作。故95题选D。氯氮平适用于精神分裂症、躁狂症。

故96题选A。

[97-98]解析：司来吉兰为单胺氧化酶抑制药（MAOI），可选择性地抑制脑内的单胺氧化酶B（MAO-B），还能抑制突触前膜对多巴胺的再摄取，从而提高多巴胺的活性，改善帕金森病的相关症状。故97题选D。恩他卡朋是儿茶酚-O-甲基转移酶（COMT）的选择性、可逆性抑制药。与左旋多巴/卡比多巴合用，可阻止3-O-甲基多巴的形成，降低3-O-甲基多巴的血浆浓度，增加左旋多巴进入脑组织的药量，**延长左旋多巴的消除半衰期**。本药可延长和稳定左旋多巴对帕金森病的治疗作用。故98题选B。

[99-100]解析：地塞米松肌内注射用于恶性疟疾所致的脑水肿，一次3~10mg，每隔8h重复给予1次；用于过敏性休克或过敏性疾病，一次2~6mg，严重者每隔2~6h重复给药。故99题选A。泼尼松用于防止器官移植排异反应，一般在术前1~2日开始一日口服100mg，术后一周改为一日60mg，以后逐渐减量。故100题选D。

三、综合分析选择题

101. 解析：以下情况慎用**利血平**：过敏患者、体弱和老年患者、帕金森病、癫痫、心律失常、心肌梗死、心脏抑制、呼吸功能不全、**消化性溃疡、溃疡性结肠炎**、胃肠功能失调、胆石症、高尿酸血症，以及有痛风病史者。故本题选D。

102. 解析：钙通道阻滞剂对脑血管也较敏感，尼莫地平舒张脑血管作用较强，能增加脑血流量。故本题选C。

103. 解析：克林霉素属于林可霉素类抗菌药物，作用机制是与细菌核糖体的50S亚基结合，从而抑制细菌蛋白质的合成。故本题选B。

104. 解析：林可霉素类抗菌药物少见过敏反应、皮疹、瘙痒等，偶见荨麻疹、血管神经性水肿和血清病反应、肠道菌群失调和抗生素相关性腹泻、肝脏氨基转移酶ALT及AST升高等，罕见表皮脱落、大疱型表皮坏死松解症、多形性红斑和Stevens-Johnson综合征。林可霉素大剂量静脉快速滴注可引起血压下降、心电图变化，甚至心跳、呼吸停止。故本题选C。

105. 解析：丙硫氧嘧啶能抑制过氧化酶系统，使摄入到甲状腺细胞内的碘化物不能氧化成活性碘，酪氨酸不能碘化；一碘酪氨酸和二碘酪氨酸的缩合过程受阻，以致不能生成甲状腺激素。故本题选D。

106. 解析：丙硫氧嘧啶：①常见不良反应有头痛、眩晕、关节痛、唾液腺和淋巴结肿大及胃肠道反应；也有皮疹、药物热等过敏反应，有的皮疹可发展为剥脱性皮炎。②最严重的不良反应为粒细胞缺乏症，故用药期间应定期监测血常规。故本题正确答案是E。

107. 解析：留钾利尿药属于弱利尿药，利尿排钠作用差，在临床上一般不单独使用，它们多与排钾利尿药（袢利尿药、噻嗪类利尿药）合用，以保持正常的血钾水平，防止发生低钾血症。故本题选E。

108. 解析：螺内酯是留钾利尿药，长期服用可能导致高血钾。故本题选B。

109. 解析：社区获得性肺炎，包括伴发的菌血症可使用利奈唑胺，儿童患者（出生至11岁）每隔8h，10mg/kg静脉滴注或口服。故本题选B。

110. 解析：应用利奈唑胺过程中，有乳酸性酸中毒的报道，如发生反复恶心或呕吐、有原因不明的酸中毒或低碳酸血症，需要立即进行检查。故本题选C。

四、多项选择题

111. 解析：氢氯噻嗪属于噻嗪类利尿药，化学结构中都含有磺酰胺（脲）基，磺胺过敏患者不宜选用。故本题选BCDE。

112. 解析：甲巯咪唑临床应用注意包括：①妊娠期妇女慎用，哺乳期妇女禁用；②服药期间应避免摄入高碘食物或含碘药物；③治疗开始或在其后数周或数月突然出现咽喉痛、吞咽困难、发热、口腔黏膜炎症或疖肿，应谨慎；④硫脲类抗甲状腺药物之间存在交叉过敏现象。故本题选ABCDE。

113. 解析：肾上腺皮质激素的药理作用包括抗炎作用，免疫抑制作用，抗毒素作用，抗休克作用，影响代谢，影响血液和造血系统的作用，其他（糖皮质激素还具有减轻结缔组织病的病理增生、提高中枢神经系统的兴奋性、促进胃酸及胃蛋白酶分解等作用）。故本题选ABCDE。

114. 解析：利尿药禁忌证包括：①严重低钠血症和低钾血症；②肾衰竭无尿患者；③对磺胺药过敏者（主要针对含磺胺基团的袢利尿药）；④肝昏迷前期或肝昏迷患者；⑤严重排尿困难（如前列腺肥大）者。故本题选BCDE。

115. 解析：地高辛属于中效强心苷，

洋地黄属于长效强心苷。西地兰C、毒毛花苷K、去乙酰毛花苷属于速效强心苷。故本题选BCE。

116. 解析：常用抗高血压药物包括钙通道阻滞剂（CCB）、血管紧张素转化酶抑制剂（ACEI）、血管紧张素Ⅱ受体拮抗剂（ARB）、利尿剂和β受体拮抗剂五类。故本题选ABCDE。

117. 解析：非甾体抗炎药（NSAID）产生中等程度的镇痛作用，镇痛作用部位主要在外周；对慢性疼痛，如头痛、关节肌肉疼痛、牙痛等效果较好。NSAID通过抑制中枢前列腺素的合成发挥解热作用，这类药物只能使发热者的体温下降，而对正常体温没有影响。NSAID通过抑制血小板的环氧化酶，减少前列腺素的生成而减少血小板聚集。故本题选ABDE。

118. 解析：克拉霉素适用于：①化脓性链球菌引起的咽炎和扁桃体炎；②流感嗜血杆菌、卡他莫拉菌及肺炎链球菌所致急性鼻窦炎、儿童中耳炎；③流感嗜血杆菌、副流感嗜血杆菌、卡他莫拉菌及肺炎链球菌所致慢性支气管炎，急性细菌感染性加重；④流感嗜血杆菌、肺炎链球菌、肺炎支原体或肺炎衣原体所致肺炎；⑤敏感金黄色葡萄球菌或化脓性链球菌所致单纯性皮肤及软组织感染；⑥鸟分枝杆菌或胞内分枝杆菌感染的预防与治疗；⑦与其他药物联合用于幽门螺杆菌感染的治疗。故本题选ABCDE。

119. 解析：作为强效抑酸剂，质子泵抑制剂（PPI）可以减少胃酸分泌，干扰胃酸的非特异性杀菌能力。目前对PPI增加感染风险的关注主要集中在胃肠道和呼吸道两个方面。胃肠道感染包括艰难梭菌感染和小肠细菌过度生长，在肝硬化合并腹水患者，可增加自发性细菌性腹膜炎发生的风险。PPI使用可增加反流至喉部的胃液中的细菌载量，增加吸入性肺炎发生率。故本题选AC。

120．解析：本题考查抗肿瘤药作用机制。影响蛋白质合成的抗肿瘤药有长春碱类，紫杉醇，L-门冬酰胺酶等，而阿霉素则为嵌入DNA中干扰转录。故本题选CDE。